LUCRO
através da Administração de Material (AM)

Nosso objetivo é publicar obras com qualidade editorial e gráfica.
Para expressar suas sugestões, dúvidas, críticas e eventuais reclamações
entre em contato conosco.

CENTRAL DE ATENDIMENTO AO CONSUMIDOR
Rua Pedroso Alvarenga, 1046 • 9º andar • 04531-004 • São Paulo • SP
Fone: (11) 3706-1466 • Fax: (11) 3706-1462
www.editoranobel.com.br
atendimento@editoranobel.com.br

É PROIBIDA A REPRODUÇÃO

Nenhuma parte desta obra poderá ser reproduzida, copiada, transcrita
ou mesmo transmitida por meios eletrônicos ou gravações, sem a
permissão, por escrito, do editor. Os infratores serão punidos de acordo
com a Lei nº 9.610/98.

**Este livro é fruto do trabalho do autor e de toda uma equipe
editorial. Por favor, respeite nosso trabalho: não faça cópias.**

Herbert L. Stukart

LUCRO
através da Administração de Material (AM)

© 2007 Herbert Lowe Stukart
Direitos desta edição reservados à AMPUB Comercial Ltda.
(Nobel é um selo editorial da AMPUB Comercial Ltda.)

Publicado em 2007

Dados Internacionais de Catalogação na Publicação (CIP)
(Câmara Brasileira do Livro, SP, Brasil)

Stukart, Herbert Lowe
Lucro através da Administração de Material / Herbert Lowe Stukart. — São Paulo : Nobel, 2006.

ISBN 978-85-213-1336-6

1. Administração de Material 2. Lucro I. Título.

06-8680 / CDD-658.7

Índices para catálogo sistemático:
1. Administração de Material e lucro : Empresas 658.7
2. Lucro e Administração de Material : Empresas 658.7

Sumário

1. Definições 7
   Lucro 7
   Administração de Material (AM) 9
2. A evolução histórica da AM 13
3. Vantagens indiretas da AM 27
   Exemplos de procedimentos éticos 27
   Contribuição para a imagem e o prestígio da sua empresa ... 28
   Marketing de compras 28
   Planejamento estratégico 29
   Treinamento para *managers* 31
   Cooperação com a economia do país 31
4. Lucro através da AM 33
   Apostolado de parcimônia 34
   Simplificação e padronização 34
   Análise de Valor (AV) 35
   Compras 37
   Propor entre fabricar, comprar e alugar 38
   Recuperação e reciclagem 39
   Estoque 39

   ANEXOS

I. Sete mandamentos da economia de material 49
II. Análise de Valor 53
   Como fazer uma Análise de Valor (AV) 53
   Como especificar corretamente 65
   Medidas adotadas 69
   Abreviaturas usadas 71
III. Gestão de estoque 75
   Base visual 75
   Base estatística 76
   Base planejamento 79
   JIT (*Just in Time*) 80
   Kanban 83

Definições 1

Lucro

- Lucro para o *industrial* é a diferença entre o custo da produção e o preço de venda do produto.
- Lucro para o *comerciante* é a diferença entre o preço da compra e o da venda de um produto.

Tirando do lucro bruto o imposto de renda obtém-se o lucro líquido, ambos ajustados, conforme o tipo de contabilidade adotado.

O lucro é diferente do juro, que é a remuneração do capital emprestado.

No século passado, o lucro chamado pecaminoso era condenado pelos partidos de esquerda, como a exploração dos operários pelos capitalistas.

Apesar dessa opinião pejorativa, temos, nos países ex-comunistas, declarações como as seguintes:

> "O direito de propriedade socialista dos meios de produção determinou o caminho para o qual toda a economia soviética está voltada, satisfazendo as necessidades da sociedade e de cada indivíduo e todo o seu desenvolvimento. Esta espécie de orientação requer um aumento na rentabilidade de cada setor de produção industrial".
>
> S. Kamenitser (russo)

"O lucro é bom para o Estado, para os dirigentes e para os operários."

Zao Ziyang (chinês)

"Não fazer lucro é uma vergonha."

Deng Xiao Ping (chinês)

> **O lucro beneficia:**
> o empregado, com melhor remuneração;
> o acionista, sob forma de dividendo;
> a comunidade, por meio do imposto pago ao governo; o empresário, permitindo modernizar ou ampliar sua empresa, e o consumidor, por gerar novos produtos, melhores, mais atualizados e, geralmente, mais econômicos.

Em suma, a cúpula de uma empresa, tanto comunista como capitalista, ou qualquer outra "...ista", deve analisar todas as funções, principalmente sob o ângulo LUCRO.

"... a indústria é necessária ao rendimento econômico e ao progresso humano."

Encíclica Papal, *Populorum Progresso*.

Penso que no sistema político-econômico em que vive o mundo ocidental, o papel social de uma empresa é criar riquezas, satisfazendo, de maneira crescente, as mais largas camadas da população.

Em regime de concorrência, o lucro necessário e legítimo só pode provir do progresso. Não é tirado de pessoas ou grupos, mas tão-somente do conjunto de ineficácias e das falhas da concorrência.

Só a eficiência gera lucro.

A empresa, cujo resultado de exploração é nulo ou negativo, consome riquezas; em conseqüência, é uma parasita.

A aptidão de uma empresa em criar lucro num mercado competitivo é a medida do seu valor e a realização de sua missão social.

A meu ver, todo o movimento no mundo tende a um equilíbrio: a água procura o seu nível, o ar move-se para igualar a pressão. Mas, com toda a variação da temperatura do dia ou da estação, a natureza provoca desigualdades, e a água continua a correr e o vento a soprar, tentando, num novo movimento cíclico, restabelecer o equilíbrio.

Assim, tanto os preços como os lucros tendem a um equilíbrio.

Mas, um novo método de produção, a Administração de Material (AM) mais eficiente, um novo produto, uma nova necessidade do consumidor, como também um aumento da população, etc., provocam desigualdades, que, todavia, as leis econômicas, a médio prazo, de novo, equilibrarão.

Por conseguinte, qualquer lucro é temporal se não houver novas eficiências.

Administração de Material (AM)

A AM planeja e controla o fluxo de material nas condições mais econômicas. É uma administração que, em data determinada, encaminha para produção e manutenção os materiais e serviços requisitados, na qualidade adequada e nas condições mais econômicas.

A AM tem, todavia, tarefas muito diversas:

Marketing de Compras *(Source Marketing, Inpute Management)*
O funcionário precisa saber o consumo anual do material da sua empresa, como também, as firmas que podem fornecer o produto pesquisado e qual é a produção e o preço. Além disso, o funcionário precisa pesquisar novos produtos e tecnologias. Isso provocará um melhor conhecimento do mercado e melhores relações com os fornecedores.

Há funcionários, erroneamente chamados vendedores, que, sem sair do escritório, anotam pedidos, recebidos de quase desconhecidos, por telefone.

Existem também outros, chamados compradores, que passam pedidos por telefone a fornecedores quase desconhecidos, indicados pelo requisitante ou constantes das *Páginas Amarelas* e internet.

Para mim, ambos são "moços de recados", e não merecem o título honroso de vendedor ou comprador.

O comprador que faz marketing pensa mais no mercado que no produto. Procura ter boas relações com os fornecedores, buscando sempre novas fontes de suprimento. Ele planeja e tenta satisfazer as necessidades da empresa, o mais economicamente possível. Ele sabe quem pode fornecer, com que qualidade, a que preço e com que segurança.

Ele comunica à empresa os novos produtos e as novas tecnologias que surgem ou surgirão. Sabe fazer Análise de Valor, Marketing de Vendas (produto terminado, clientes) e Marketing de Compras (material, fornecedores).

A indústria automotiva, por exemplo, obteve sucesso pelo Marketing de Compras.

Planejamento Estratégico

Com base na previsão de vendas, o funcionário calcula o consumo dos materiais e decide quais produtos necessitam de providências especiais. Também deduz a posição presente da empresa e a posição do mercado atual e futuro.

Igor Ansoff foi o primeiro e indicou as vantagens: suprimento regular, potencial para lucros e volume de compras adequado.

Compra

É preciso fazer concorrência para escolher o fornecedor, negociar os pedidos e acompanhar a entrega dos pedidos.

Tráfego de Fora

É preciso providenciar transporte para as mercadorias não entregues CIF. Todavia, se o departamento de vendas conseguir fretes de retorno mais baratos, é melhor deixar essa tarefa com o departamento de vendas.

Recepção e Controle da Mercadoria

A recepção precisa verificar a quantidade recebida (com nota fiscal e o pedido da empresa), e a qualidade. Em certos casos é necessário mandar para o laboratório de controle ou pedir a presença do requisitante.

A concordância dos valores da nota fiscal com o pedido da empresa, assim como as condições de pagamento, podem também ser verificados novamente pela contabilidade. Uma vez tudo em ordem, devidamente rotulado, com o número de controle, a mercadoria é entregue ao almoxarifado ou ao requisitante particular. Esta função deve ser enfatizada.

Uma auditoria americana encontrou na recepção de uma grande empresa, diferenças de milhares de dólares.

Armazenagem

O almoxarife recebe e verifica o material, o armazena conforme plano e o despacha anotando a hora e conforme a requisição do usuário. É aconselhável construir almoxarifados especiais para inflamáveis, explosivos, entorpecentes, radioativos, e produtos muito valiosos.

Tráfego para Fora (do produto terminado)

Se a AM tiver um volume de tráfego muito maior que vendas, fica com a AM, se não é o departamento de vendas quem cuida desse tráfego.

Os termos "compras", "suprimentos e abastecimentos" e "administração de material" são considerados por muitos quase como sinônimos.

Em outras línguas parece haver confusão similar. Por exemplo, em inglês, os termos *purchasing, suply, procurement* e *material management* são considerados intercambiáveis por alguns autores.

Proponho as seguintes definições simplificadas:

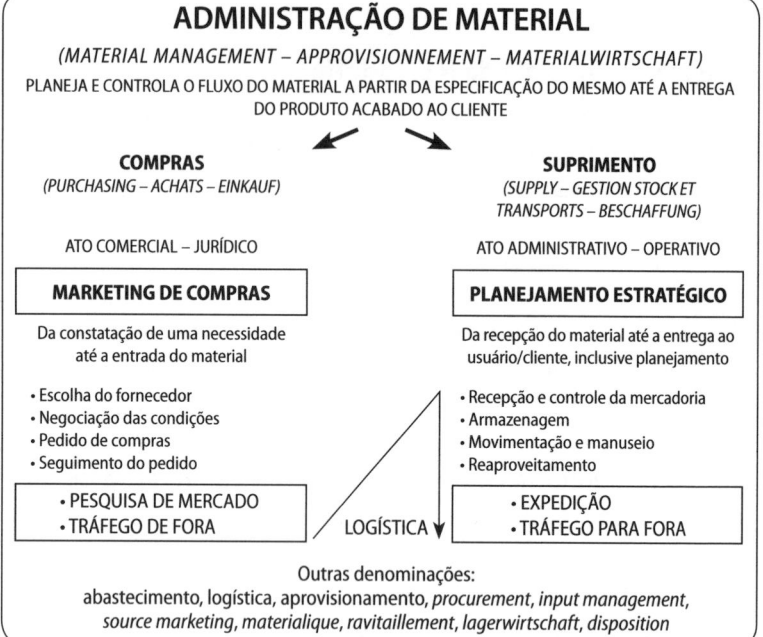

A *Harvard Business Review* (abr./81) confirma este conceito, somente acrescenta planejamento e controle da produção, bem como distribuição do produto terminado.

O conceito é baseado na hipótese de que se pode obter um controle mais efetivo, agrupando todas as divisões que tratam do mesmo problema básico: o planejamento e a manipulação eficientes do material.

Considera contraproducente ter um especialista para a montante do rio e um segundo para a jusante do rio, tratando-se do mesmo fluxo. Raciocínio similar foi utilizado para o fluxo do material.

A evolução histórica da AM 2

Conhece-se a AM melhor, conhecendo-se sua história.

Na década de 1940, pedi emprego ao diretor de uma indústria têxtil no Rio de Janeiro, no Departamento de Suprimentos, visto que havia concluído na Sorbonne, em Paris, um *paper* sobre "Introdução da Periodicidade para uma Gestão Simplificada do Material".

A resposta foi:

"Meu jovem amigo, no almoxarifado já tenho um funcionário — antigo serviçal acidentado da fazenda — que é muito confiável. Nós mantemos todos os depósitos sempre completamente cheios; este é o melhor método e não pensamos em 'periodismos', ou isso aí que o sr. disse.

Eu compro a lã no Rio Grande e tenho muitos anos de experiência, nenhum novato vai fazer melhor; o resto, qualquer um pode comprar. Aliás, detesto compradores que só gastam meu dinheiro e distribuem favores aos que dão as maiores 'bolas'".

Poucos anos após essa entrevista, a indústria têxtil à qual me refiro faliu. A explicação foi encontrada mais tarde por uma consultoria paulista, Installation Efficiency Engineering, que constatou que as dificuldades econômicas e financeiras de mais de 500 empresas analisadas, em ¾ dos casos provinham de uma Administração de Material inexistente ou insuficiente.

Porém, a atitude dos colegas de trabalho daquela época não era muito diferente. Diziam: "Deixe de bancar o importante; lá em casa as compras são feitas pela nossa cozinheira".

Mas, então, por que esta opinião depreciativa, expressa há 50 anos, ainda assombra a mente dos empresários menos esclarecidos?

Talvez, do ponto de vista psicológico, possa ser explicado da seguinte maneira: tradicionalmente, em casa, a mulher trata do abastecimento, do planejamento e do reaproveitamento dos materiais e, geralmente, as economias feitas por ela auxiliam a família a progredir.

De fato, o homem poderá ganhar cada vez mais e mais, mas se a mulher esbanja o dinheiro e desperdiça tudo, não haverá progresso.

Numa época de machismo, o trabalho da mulher e o suprimento foram menosprezados.

Hoje, já existe um consenso a esse respeito: a mulher e o homem são igualmente importantes, assim como na indústria, o comprador, o vendedor e todos os envolvidos no processo da produção.

Mas, para explicar com lógica e argumentos factuais, o menosprezo pela AM no passado e o processo que a levou a ter importância na atualidade, devemos abordar sua evolução histórica.

O homem precisa, para viver e para seu conforto físico e moral, de mercadorias e serviços de seus semelhantes, o que o distingue, aliás, do reino animal. Quanto mais avança a civilização, mais aumenta essa necessidade.

Nos primórdios da história humana, o material necessário era obtido por meio de usurpação ou roubo, e os serviços, obtidos com a escravidão de seu semelhante, infelizmente, métodos ainda existentes.

Quando parte da humanidade saiu do barbarismo, num primeiro estágio essas necessidades foram satisfeitas, às vezes por doação ou, mais comumente, por permuta.

O Direito Romano já cita a *permutatio*.

Num segundo estágio, a troca se fez com artigos de utilidade padrão: peles, metais, pedras preciosas, etc., chamada *mancipatio*. Os gregos adotavam como base para troca o gado.

A *mancipatio* em Roma era efetuada por intermédio do *libripens*, que nada mais era que o administrador de material. Os *libripens*, para facilitarem as trocas, introduziram metais cunhados, que chamaram *pecunia* (gado, em latim).

Devemos, então, a moeda — base para o comércio no mundo — a esses precursores do administrador de material, que se tornou cada vez mais necessário.

Num terceiro estágio, os romanos consideraram a *emptio venditio*, isto é, em lugar da moeda à vista, um preço combinado; e o contrato de permuta efetiva se transformou em contrato consensual de compra e venda, como é conhecido hoje, inclusive com condições para evitar evicção e vícios ocultos da mercadoria.

Da Idade Média (Idade das Trevas) não tenho conhecimento de literaturas versando sobre Administração de Material.

É fato que na Antiguidade e na Idade Média não existiu uma Administração de Material Industrial da maneira que é concebida hoje, porque ainda não existia a indústria.

Todavia, é também um fato que a mesma diferença encontrada entre a funda de David e um míssil intercontinental, existe entre abastecimento, função primária desde tempos imemoráveis e uma AM industrial, cientificamente sistematizada.

Francis Bacon, filósofo inglês que enfatizou empirismo e pesquisa científica, escreveu no final do século XVI diversos *papers* sobre a importância da aquisição (compras).

Durante o reinado de Luiz XIV, em fins do século XVII, foi criado no exército francês o cargo de "Marechal General des Logis", responsável tanto pelo suprimento e transporte de material bélico, como pela seleção dos campos e rotas.

Daí o termo "logística", que corresponde aproximadamente a uma parte da concepção moderna de AM. A importância atribuída ao cargo é ressaltada no título "Marechal".

Uma nova era, a Revolução Industrial, começou no início do século XVIII.

Ela foi levada a efeito por bandeirantes que entreviram no progresso técnico e na aplicação das ciências uma nova época: a era da produção em massa.

Puderam ser fabricadas mercadorias de qualidade constante, numa escala até então nunca sonhada e a custos nitidamente inferiores aos do artesanato, beneficiando novas e largas camadas do povo.

Hoje, um cidadão remediado goza de um conforto que sequer os príncipes usufruíram no passado.

O organograma de uma indústria no limiar da Revolução Industrial era simples. O patrão-empregador criava uma idéia (pesquisa), realizando-a com as três atividades básicas e diretoras de uma empresa industrial:
- Suprimento (de capital, pessoal e material).
- Produção e/ou Conversão.
- Venda e/ou Distribuição.

A multiplicidade das tarefas exigiu, em pouco tempo, uma divisão dessas atribuições de direção. Inicialmente, o empresário com tino comercial contratou um técnico; quando o próprio empresário era técnico, a parte comercial era confiada a um chefe de vendas. Em ambos os casos, tanto produção como vendas firmaram logo sua importância como atividades básicas empresariais.

O crescimento constante dessas novas indústrias, devendo fazer face à expansão, tornou necessária a delegação do suprimento de capital e pessoal:
- Um serviço financeiro, com contabilidade e auditoria, realizou a primeira tarefa. Não se incluía a AM na contabilidade rotineira, porque a AM ainda não existia.
- Um serviço de recursos humanos ou relações industriais satisfez o suprimento e o controle do pessoal.

Todavia, raramente o empresário delegava a função de suprimento de material, sobretudo das matérias básicas que considerava de grande importância.

A importância dos chefes de venda, produção, financeiro e pessoal, variava conforme os ciclos econômicos, os ramos de negócio e a cultura particular de cada empresa. Mas não houve dúvida de que os quatro nasceram da atividade básica empresarial.

A formação da AM não mostra uma evolução tão clara. Em indústrias material-intensivas, o empresário continuou a providenciar as compras, sobretudo para o material que influía decisivamente nos custos finais. A compra de material secundário foi delegada à produção e ao usuário.

Cada setor da fábrica encomendava o material que necessitava onde o encontrava com maior comodidade; também os novos setores administrativos compravam e estocavam diretamente o que precisavam.

O empresário viu quase como uma vantagem que seus contramestres e outros funcionários malpagos, com pouca lealdade, sem *status* ou apreciação, recebessem propinas de fornecedores de suas relações pessoais, para aumentar os seus salários. Infelizmente, esse costume, ainda hoje, não está completamente extirpado.

Quando o número de aquisições aumentou, os citados prepostos de diversos setores utilizaram um contínuo para, primeiramente, apanhar cigarros e cerveja, depois, tinta e papel; e, finalmente, um escriba mais esperto para adquirir miudezas destinadas à manutenção. Quando esses prepostos passaram a trabalhar nas aquisições quase em tempo integral, nasceu lentamente o núcleo de um novo órgão: compras e almoxarifado para guardar o material.

O setor de compras era geralmente subordinado à produção, pois partia-se do pressuposto que o saber usar o material seria automaticamente acompanhado da habilidade de administrá-lo.

Porém, pela evolução já descrita, compras não nasceu como produção e vendas da cúpula, mas, aparentemente, da junção de diversos afazeres secundários de vários setores; e ainda começou com pessoal de baixo nível e com o estigma da propina.

Dessa forma, a atividade básica diretora do empresário, inerente à AM, nem sempre foi compreendida e reconhecida.

A retirada de Napoleão da Rússia, por exemplo, foi um acontecimento que nos fez meditar.

O exército francês, indiscutivelmente o mais eficiente da Europa naquela época, foi derrotado na Rússia, não só pelo frio, mas pela falta de apoio logístico: não recebeu o material adequado em tempo oportuno no local de uso. O fato lembrou a importância do planejamento e entrega do material em tempo oportuno.

A maioria das indústrias incipientes foi implantada, naquela época, em áreas onde existia a matéria-prima básica, muitas vezes até considerada quase gratuita.

Paralelamente à evolução, vários materiais que antigamente eram fabricados na própria empresa passaram a ser comprados fora (especialização, complexidade, economia de escala, etc.), aumentando a incidência do material comprado, criando, além da gerência de produção — que superintende a manufatura da própria empresa —, a gerência de fora, que é compras.

Evidentemente, com a maior incidência do material sobre o custo, aumentou a importância do administrador de material, para garantir a continuidade e a qualidade da produção e o seu custo econômico.

Mas os empresários acordaram de fato somente quando o volume das mercadorias necessárias se agigantou — obrigando a compras em diversas fontes e exigindo planejamento e maior coordenação das quantidades e dos prazos; quando o aperfeiçoamento dos meios de comunicação e transporte possibilitou não só atingir o mercado vizinho, mas também os mercados nacional e internacional, e quando a concorrência entre as indústrias forçou a um maior cuidado quanto à qualidade e aos custos.

No começo do século XX, o maior industrial da época, Henry Ford, pregou este axioma visionário: *Purchasing is a profit making job*, isto é, compras produz lucros.

Durante a 2ª Guerra Mundial o empresário não tinha dificuldades para vender, mas o seu sucesso dependia da habilidade em obter as matérias-primas para manter sua fábrica trabalhando, o que forçou o reconhecimento da AM como atividade empresarial.

Esse fato não sofreu mais contestações nos anos seguintes, o que permitiu melhorar sensivelmente o nível do pessoal da AM.

Os juros passaram lentamente de 3% para 22%.

Nessa situação, manter estoques excessivos foi um luxo que levou muitas empresas à falência. Melhorar a gestão de estoques (e os japoneses foram os precursores) tornou-se um fator indispensável da competitividade.

Na década de 1970 havia ainda escassez de muitas *commodities* e seus preços aumentaram além do admissível, culminando com o embargo do petróleo em 1973.

Nascia o marketing de compras.

Foi nessa época que ficou evidente e patente que uma AM centralizada, cientificamente sistematizada, era uma necessidade incontestável.

Os tempos mudaram e ainda mudam. Antigamente, os atores e músicos comiam na cozinha dos príncipes feudais; hoje, os melhores ganham mais que muitos presidentes de companhias importantes. Um ator de cinema chegou até a presidência de uma superpotência, outro a governador de Estado.

Tenho certeza de que muito em breve, os administradores de material terão uma carreira que chegará a diretor.

É interessante verificar que todas as grandes inovações nasceram nas baixas dos ciclos econômicos.

A era da produção, com sua mecanização, racionalização e automação, é lentamente justaposta pelo marketing, quando a capacidade de produção ultrapassa a capacidade de absorção.

O marketing de vendas, pela evolução do ciclo econômico e da escassez, é nivelado em importância ao marketing de compras.

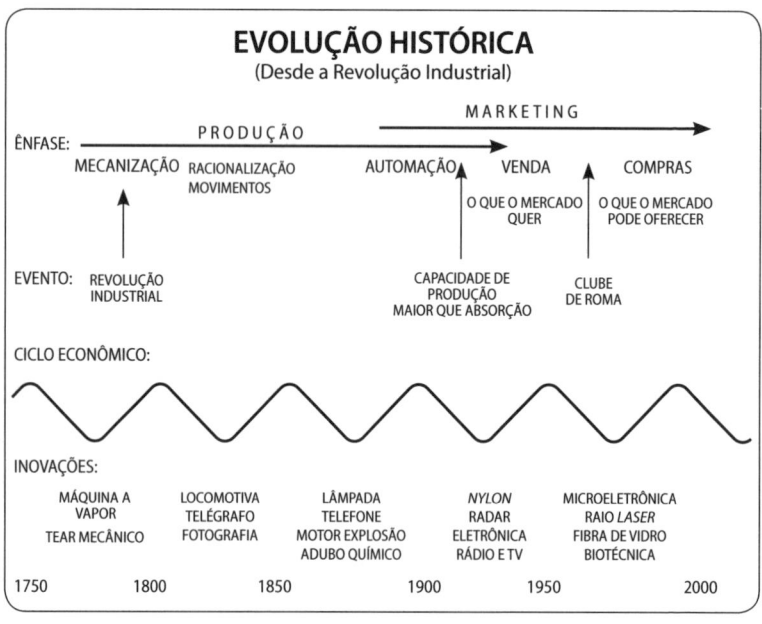

Conforme a ONU, o material participa, em média, com 60% no faturamento das vendas nas indústrias de transformação nos países ocidentais.

Evidentemente, essas porcentagens variam ligeiramente de ano para ano, mas em geral, em média, o **material é o custo mais importante em qualquer empresa**.

Todo empresário prudente e ajuizado aplica a lei de Pareto: maiores valores devem ser cuidados em primeiro lugar. O administrador de material analisa e executa essa parte.

Devemos considerar também o material para investimentos, que, conforme o país, varia de 2% a 5%.

Grave bem: em média, no Brasil, 1% de economia de material é igual à demissão de cerca de 10% do pessoal (os gerentes não são os primeiros a serem demitidos).

A **AM** é uma atividade básica empresarial! E não um serviço-suporte. Ela se depreende com lógica cartesiana da evolução histórica acrescida de dois argumentos recentes: o *source marketing* e o planejamento estratégico, atividades empresariais por excelência.

A título de curiosidade, cito:

Nos EUA, a Corte Suprema confirmou que compradores desempenham tarefas empresariais (*Wall Street Journal*, 24/4/74).

Na Suíça, país de tradições enraizadas, onde as mudanças são feitas somente após longa comprovação de melhoria real, uma pesquisa em 15 ramos da indústria concluiu que em 65% das empresas a AM é hierarquicamente igual a vendas (atividade empresarial universalmente aceita); nos outros 35%, há falta de estratégias a longo prazo e conflitos de interesse não resolvidos sobre material entre produção, finanças e vendas. (Prof. Dr. Weilenmann, Universidade de Zurique)

A importância da AM não sofreu mais contestações nos anos seguintes, o que permitiu melhorar sensivelmente o nível do pessoal da AM.

O livro do General Eisenhower, ex-presidente dos EUA, *Cruzada na Europa*, deu novo prestígio à AM. Ele escreveu: "O sucesso completo nas indústrias modernas depende da organização eficiente do Serviço de Material... um Sermat (Serviço de Material) eficiente é o mais admirável de todos os feitos brilhantes".

Em meados da década de 1960, os juros *prime rate* tiveram uma ascensão inusitada em escala mundial, que de 3% a 4% na década de 1950, subiram para 9% a 22% a partir da década de 1970. O estoque tornou-se um custo financeiro importante.

Já no fim do século XX, governantes da França, Alemanha, Inglaterra e dos EUA dispensaram comentários a respeito da AM.

O Presidente do Conselho da França pontificou o seguinte:

"En contribuant à stimuler la concurrence, l'acheteur dynamique participe activement à la lutte contre l'inflation et à l'effort constant des entreprises pour demeurer compétitives sur les marchés internationaux."

Antoine Pinay

"... Contribuindo para estimular a concorrência, o comprador dinâmico participa ativamente do combate à inflação e do esforço permanente das empresas para continuarem competitivas nos mercados internacionais."

No Congresso de Dusseldorf da BME, o ministro da economia da Alemanha foi o patrocinador, com a seguinte mensagem:

Der Deutsche Kongreß für Materialwirtschaft und Einkauf findet zum 11. Male statt. Im Laufe der Jahre ist er zu einem festen Begriff und vielbeachteten Forum der Fachwelt geworden. Das diesjährige Leitthema des Kongresses „Materialwirtschaft – eine unternehmerische Aufgabe" deutet an, daß Anstrengungen heute in jedem betrieblichen Bereich unternommen werden müssen, um die Wettbewerbsfähigkeit der Unternehmen zu erhalten und ihre Rentabilität zu steigern. Gerade in der Materialwirtschaft dürften noch erhebliche Rationalisierungsreserven stecken, in der Industrie ebenso wie im Handel. Zur Mobilisierung dieser Reserven ist oft kein nennenswerter Kapitaleinsatz notwendig; häufig kommt es nur auf die sinnvollere Organisation von Materialfluß und Lagerhaltung an. Und Rationalisierung durch organisatorische Verbesserungen müßte eigentlich in jedem Betrieb Priorität haben.
Der Veranstalter des Kongresses, der Bundesverband Materialwirtschaft und Einkauf e.V., ist nun seit 24 Jahren mit Erfolg um Förderung und Verbesserung in Einkauf und Materialwirtschaft bemüht. Über zahlreiche Diskussionen in seinen regionalen Gliederungen sowie Lehrgänge und Seminare in einer Einkäuferakademie hat er einen intensiveren Erfahrungsaustausch herbeigeführt und konnte den im Beschaffungswesen Tätigen umfangreiche Informationen und wertvolles Wissen vermitteln. Auch dieser Kongreß wird den zahlreichen Einkaufspraktikern sicher eine Fülle neuer Erfahrungen und Erkenntnisse mit auf den Weg geben. Ich habe deshalb gerne die Schirmherrschaft über den Kongreß übernommen.
Ich wunsche dem 11. Deutschen Kongreß für Materialwirtschaft und Einkauf viel Erfolg und grüße alle Teilnehmer.

Grußwort
von Bundeswirtschaftsminister
Dr. Otto Graf Lambsdorff

Dr. Otto Graf Lambsdorff

"... Administração de Material — uma tarefa empresarial [...] na Administração de Material parecem existir ainda grandes reservas para a racionalização. Para mobilizar essas reservas não é necessário muito capital; muitas vezes só é preciso uma boa organização e gente eficiente. Essa racionalização deveria ter prioridade em qualquer empresa..."

Para o jubileu do IPS da Inglaterra, a primeira-ministra mandou a seguinte mensagem:

"... Vocês têm um papel vital a desempenhar, auxiliando a elevar os padrões dos produtos ingleses, bem como a competitividade de seus fornecedores.

Sua insistência em altos padrões de qualidade e desempenho representa uma positiva contribuição aos fornecedores... Este é um trabalho muito importante!"

Nos EUA, o presidente Reagan participou de uma convenção da AM em Los Angeles, e no ano seguinte mandou a seu secretário do comércio o seguinte telegrama:

"... Nenhum grupo de administradores está mais familiarizado que vocês quanto ao risco de destruição da economia americana pela inflação galopante.

Vocês participam diariamente dessa batalha e agora estão conseguindo algum alívio. O programa de recuperação econômica de minha administração tem protegido bem o *front* da inflação, pela redução dos dispêndios federais.

Devemos prosseguir neste empenho para reduzir as taxas de juros e estimular os investimentos.

Nosso objetivo é criar mais empregos, ativar a produtividade e ampliar a competitividade da indústria americana nos mercados doméstico e exterior.

Com o seu apoio, lograremos restaurar a vitalidade da economia, que elevará o nosso país a níveis mais altos de prosperidade e bem-estar."

Parece que a maioria dos governos estrangeiros importantes está consciente da influência da AM sobre a conjuntura econômica, nível de preços, inflação, competitividade e lucratividade.

Não há dúvida de que primitivos não precisam de um administrador de material; e também não há dúvida de que as sociedades, quanto mais avançadas, possuem uma administração de material tanto mais evoluída e prestigiada.

Hoje é de consenso geral que:

- Material é um elemento importante para a produção (60%).
- AM é uma atividade básica empresarial.
- AM contribui para o lucro.

Vantagens indiretas da AM 3

(dificilmente quantificáveis)

Exemplos de procedimentos éticos

Nunca será bastante enfatizar o exemplo ético que o administrador de material pode e deve dar.

Como profissional, deve usar sua experiência e perícia também em benefício da comunidade, e está comprometido, inclusive por juramento, com padrões éticos de conduta.

Não advogamos as leis do Egito promulgadas 1.300 anos antes de Cristo e que instituem a pena de morte para sacerdotes e funcionários subornados; mas defendemos a "Recomendação ao Combate à Extorsão e ao Suborno" (21/11/77) da Câmara Internacional do Comércio de Paris, e a Resolução nº 3.514 da ONU (*Economic and Social Council* 2.401 de 05/7/77), que aconselha:

> "... os países que ainda não consideram suborno como ato criminal, devem providenciar uma legislação nesse sentido..."

Em minha opinião pessoal, os países do terceiro mundo sofrem crises políticas e econômicas, que se originam principalmente de uma crise agravada pela "síndrome da impunidade".

O administrador de material está numa posição-chave para impor moralidade a muitos, dentro e fora da empresa.

Na empresa em que trabalhei, foram eliminados os cadastros dos fornecedores que ofereciam subornos e também foi pedido à FIESP para eliminar da Federação a empresa que oferecesse propinas. (Onde não há corruptor, não há corruptos.)

"Para um homem de negócios é preferível ter uma perda do que realizar um lucro desonesto...
A perda pode ser dolorosa durante um espaço de tempo, mas a desonestidade aflige para sempre."

Chilon, um dos sete sábios da Grécia (560 a.C.)

E, 2.500 anos depois, o papa da administração moderna, escreveu:

"Quanto mais bem-sucedido for o administrador do futuro, maior terá que ser a sua integridade."

Peter Drucker (1995)

Contribuição para a imagem e o prestígio da sua empresa

A postura ética, mais a correção nos negócios, contribuem, junto com vendas, para a imagem e o prestígio da sua empresa.

Marketing de compras

A AM é o olho da empresa para o mercado fora do seu ramo.

A AM deve informar novos produtos, novas tecnologias e investimentos. Deve perceber oportunidades (exportação, nacionalização, etc.). Deve informar sobre eventuais riscos (falências de empresas, que são fornecidas por vendas). Proporciona melhor conhecimento do mercado e melhores relações com fornecedores. Também deve conhecer a melhor qualidade, preço e prazo de cada fornecedor.

O melhor exemplo são os fabricantes de automóveis que, pelo marketing de compras, obtiveram sucesso e prosperaram. O resultado de marketing ajuda muito o departamento de compras.

Planejamento estratégico

A idéia de Igor Ansoff teve sucesso.

Antes devemos analisar qual é o tipo básico do nosso fluxo de material, se tipo V, A ou X:

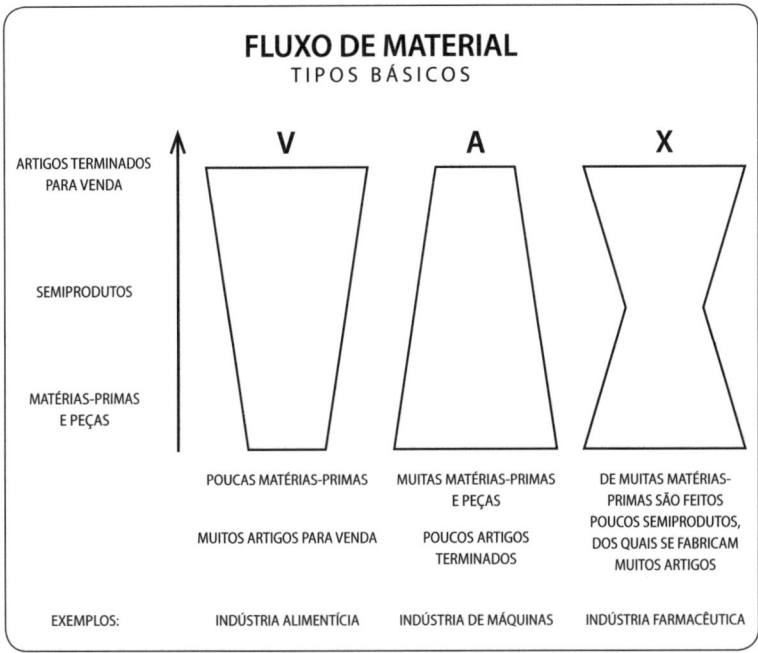

O planejamento recebe as previsões de vendas e calcula as quantidades de material necessário para os produtos.

É preciso fazer a curva ABC:

CURVA ABC		
CLASSE	% nº de itens (acumulados)	% do valor do estoque (acumulados)
A	10% – 20%	70% – 80%
B	20% – 10%	20% – 15%
C	70% – 70%	10% – 5%

É evidente que os itens da classe A devem ter cerca de 80%, os da classe B devem ter cerca de 15%, e os da classe C devem ter cerca de 5% da nossa atenção.

Quanto melhor for esse planejamento menor será a variação do estoque, para mais ou para menos. As posições dos mercados, atuais e futuros, são examinadas como as eventuais ameaças ou oportunidades.

Precisamos avaliar a situação.

Se a situação é eufórica e com inflação, há forte demanda, preços livres, juros menores que a inflação, material escasso e é preciso evitar ter dinheiro e poder aumentar os estoques. Se a situação é depressiva, os juros são maiores que a inflação, a demanda é reprimida, os preços são controlados, há capacidades ociosas, devem-se fazer investimentos financeiros, reduzir e evitar estoques.

BASE PARA PLANEJAMENTO
Com verificações cruzadas

Dados do mercado	Estudos independentes
• por vendedores	• tecno-econômicos
• extrapolação chefias	• do mercado e populacional
Intuição – Experiência	Informações estatísticas
Análise de tendências	Matrizes de Markov
Correlação com indicadores	Simulação no computador

É minha convicção que enfatizar somente o desempenho operacional, sem considerar as questões estratégicas relativas é prejudicial aos resultados da empresa. Deve haver coordenação e balanço entre o nível operativo e estratégico.

Por conseguinte, o planejamento estratégico é um potencial para economias e lucros.

Treinamento para *managers*

A AM é também o melhor setor para treinar *managers*. Contatos com pessoas de diferentes níveis, do presidente ao *office-boy*, com desafios permanentes, necessitando de habilidade para tomar decisões, às vezes, sob pressão e na incerteza, assumindo riscos e responsabilidades. Estas não são qualidades exigidas para um *manager*?

Na empresa onde trabalhei, foram promovidos da AM um diretor financeiro e um diretor geral.

Cooperação com a economia do país

O comprador brasileiro tenta sempre fazer suas aquisições no país.

Com intervenção pessoal consegue, às vezes, que o exportador estrangeiro se estabeleça no Brasil (a Wheaton, por exemplo).

Assim, a importação não cresce tanto quanto a exportação. (Aumento do saldo comercial de 32,9%.)

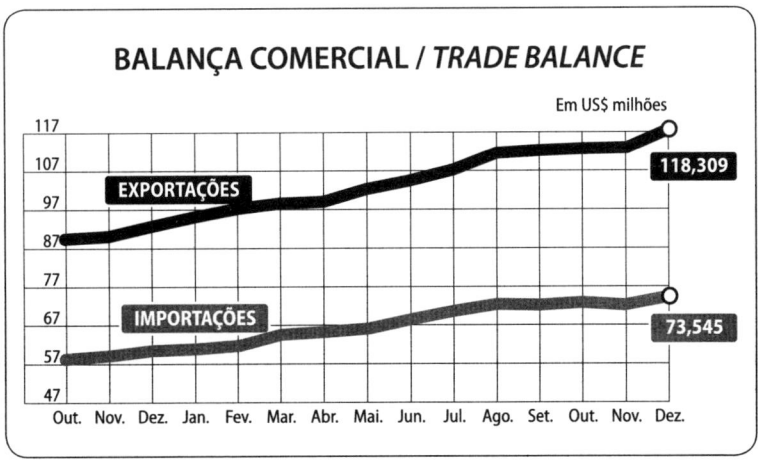

O comprador também tenta comprar a preços mais baixos, assim ajuda a frear a inflação. (De 1,13% para -0,01%.)

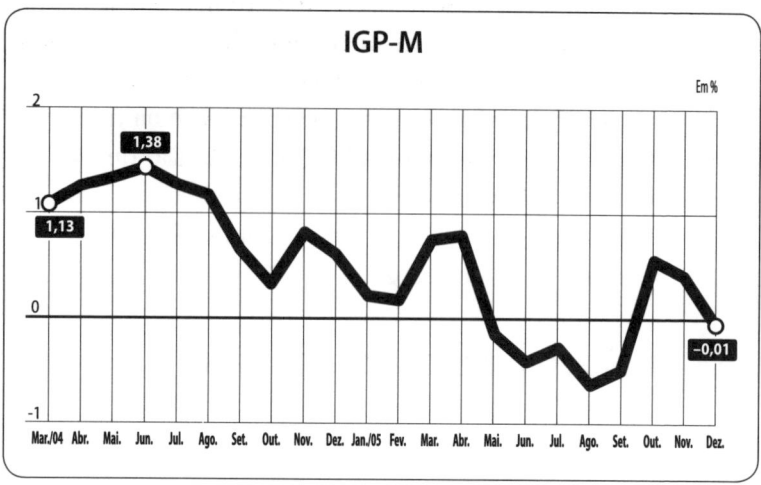

Lucro através da AM   4

(normalmente quantificável)

Como aumentar o lucro?
    Só há duas medidas básicas: aumentar a receita ou reduzir a despesa!
    A AM reduzirá as despesas!

> **Como a AM consegue lucros?**
>
> **REDUZINDO**
>
> O CUSTO DO MATERIAL
>
> O CUSTO DO CAPITAL
>
> O CUSTO OPERATIVO

É um fato que esses lucros não são registrados pela contabilidade, porque, como já vimos na evolução histórica da AM, os serviços financeiros e a contabilidade nasceram bem antes da AM. Por isso a contabilidade não fez esforço para incluir os dados da AM. Mas a AM deve fazê-lo.

Apostolado de parcimônia

O administrador de material deve ser um exemplo de parcimônia, velando para que não se realizem compras antieconômicas ou desnecessárias, que não haja desperdício, obsoletismo, etc.

Ele divulga os "Sete mandamentos da economia de material" (ver Anexo I – p. 49) e força sua observação.

Ele, indiretamente, também ajuda ao país, combatendo a inflação.

A AM reduzirá as despesas. Por conseguinte dará lucro.

Deve-se enfatizar ainda um ponto de suma importância. A economia de material é uma atividade que conserva recursos, enquanto um aumento da produção ou venda, é uma atividade consumidora de recursos.

Além disso, o dinheiro fica em caixa, e não é exposto a riscos e prazos de cobrança.

Veja alguns exemplos práticos:

Um setor requisitou 1 caixa (com 144 unidades) de lápis. Mandamos, de acordo com o setor, 10 lápis. Desperdício evitado.

Um setor requisitou 50 litros de gasolina para empilhadeiras. Visto que nossas empilhadeiras são elétricas, a requisição foi cancelada. Roubo evitado.

São coisas ínfimas, cuja soma, todavia, resulta num valor apreciável.

Simplificação e padronização

O maior consumo de tubos de aço é de ¾". Para simplificar, colocamos só ¾ no estoque e padronizamos o tamanho ¾".

Código original	Descrição original	Código padronizado	Descrição padronizada final
2001-03	Tubo de aço inox ou cobre ou alumínio.		Tubo de aço
2010-14	Tubo de 1" ou ⅝" ou ½" ou ⅜" ou ¼"	2000	de ¾"
2020	Tubo sem costura		com costura
2021	Tubo com galvanização eletrolítica.		galvanização a fogo
2022	Tubo com rosca plana		com rosca BSP-73
3045	Lixa pano Norton, Ref. K-246	72875	Lixa, óxido de alumínio,
72875	Lixa ferro em folha grão 100		grana 100
76004	Lixa Norton pano, grana 100		Dimensões:
R129018	Lixa metal 225 x 275 mm		225 x 275 mm

Quando é feita uma solicitação de tubos de aço de ¾ pelo computador, por exemplo, todas as especificações padronizadas são impressas. A simplificação e padronização dão economia, que é igual a lucro.

Análise de Valor (AV)

A AV é o método mais eficiente para baixar custos.

A AV procura a função principal e as funções secundárias que, se não são úteis, se eliminam.

O tamanho, o peso e a embalagem maiores que o necessário, são reduzidos.

Procura-se a qualidade adequada ao menor custo.

Como fazer uma AV (ver Anexo II).

Exemplos da prática:

Um laboratório recebeu da sua matriz parisiense uma fórmula para produzir cortisona.

Verificando os itens da fórmula constatou-se uma matéria (um produto químico que desconhecíamos, de cujo nome não me lembro e que chamo de matéria X).

A matéria X não existia no Brasil. Feita a AV, constatamos que a "função" desta matéria X era desnaturar o álcool, conforme a legislação francesa. Visto que no Brasil não há esta exigência, pudemos eliminar a matéria X.
Com a AV pode-se, às vezes, **suprimir o produto analisado**.

Num conjunto florestal de homens que cortam árvores, explodiu uma epidemia de gripe. A médica prescreveu um medicamento (produto efervescente com 1 g de vitamina C) para cada um.
Feita a AV constatamos: a "função principal" é a vitamina C. A efervescência é uma função secundária que poderá ser suprimida.
A título de curiosidade constatamos que só a essência da laranja (da efervescência) era mais cara que a vitamina. Verificamos na farmacopéia, na p. 1.146, que uma única dose de vitamina C deve ser de 0,1 a 0,25 g. Havia um medicamento no mercado, só de vitamina C, com 0,25 g, sem efervescência, que já daria uma economia de 82%.
Mas, adotamos de acordo com a médica o seguinte: criamos uma colher para 0,25 g de vitamina C (a função principal ativa) para colocar no café dos homens, durante 1 semana. A AV não deu só uma solução terapêutica melhor, mas proporcionou uma economia de 95%.

Mas a AV também dá resultado para casos menores. Precisava-se de 100 placas (1 x 2" e ½" de espessura) com 2 furos roscados para receber parafusos.

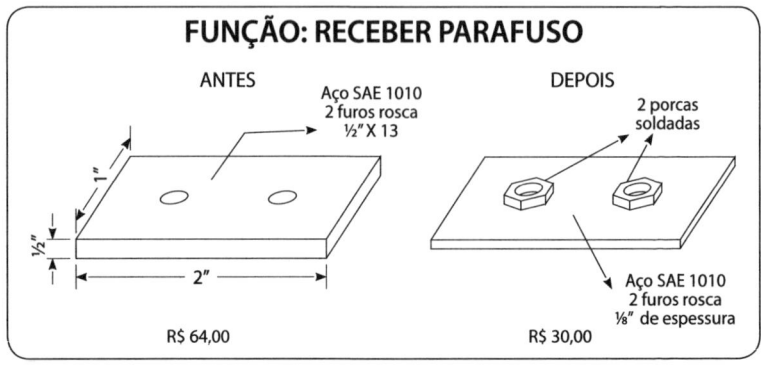

A AV indicou uma placa de menor espessura (⅛") e, em vez de roscado, 2 porcas soldadas. Economia de 47% (vide desenho abaixo).

No livro *Techiniques of value analysis*, de Lawrence Miles (papa da AV) são dados exemplos para resolver diversos problemas.

Nos EUA, os serviços públicos são obrigados a fazer uma AV para compras de mais de US$ 100 mil.

A AV feita para uma represa resultou em uma economia de dezenas de milhões de dólares.

Compras

A arma de compras é a negociação que deve dar, no mínimo, 2% de economia sobre todas as aquisições.

O livro *Negociar*, de H.L. Stukart (Editora Nobel), tem bons conselhos sobre como negociar com sucesso.

Chamamos nossos compradores de negociadores, porque a negociação é o meio mais drástico de obter economias e lucros.

Mas também pode baixar a despesa financeira obtendo:
- maior prazo de pagamento (por exemplo, em vez de 30 dias, 90 dias);
- estoques em consignação;
- estoques com fornecedor;
- aumento na tolerância.

Se o comprador verificar na proposta do fornecedor uma tolerância muito apertada, pode, de acordo com o requisitante, negociar uma tolerância maior e um desconto.

Geralmente, as compras são a maior fonte de lucro da AM.

COMO A TOLERÂNCIA INFLUI NOS CUSTOS DE EQUIPAMENTOS

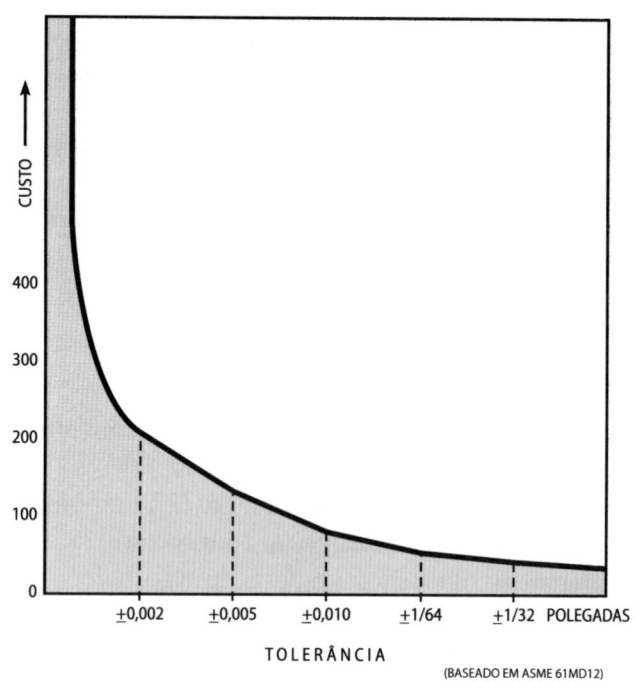

[Gráfico: eixo vertical "CUSTO" com valores 0, 100, 200, 300, 400; eixo horizontal "TOLERÂNCIA" em POLEGADAS com valores ±0,002, ±0,005, ±0,010, ±1/64, ±1/32. A curva decresce rapidamente.]

(BASEADO EM ASME 61MD12)

Propor entre fabricar, comprar e alugar

Uma companhia tinha uma eletrólise de sal (cloreto de sódio) para obter soda cáustica (hidróxido de sódio) e cloro (gás).

O inconveniente era que o cloro foi produzido em maior quantidade que o consumo e precisou ser inutilizado.

O marketing de compras constatou que os custos da eletrólise de soda cáustica e cloro foram mais altos que os preços do mercado. Fechou-se, então, a eletrólise e foram compradas as duas matérias-primas na praça. **Comprar em vez de fabricar**.

Constatamos num fornecedor que o sulfato de sódio se fabrica facilmente com um único tanque de aço inox com cloreto de sódio (t = R$ 55,00) e ácido sulfúrico (t = R$ 236,00); não conseguimos, todavia, a proporção das duas matérias (NaCL + H_2SO_4 = Na_2SO_4 + HCL).

Se a fabricação não custa mais que 17% acrescido da venda de ácido clorídrico (t = R$ 478,00), vale a pena estudar a fabricação.

Observação: Geralmente o sulfato de sódio é um subproduto em outras produções.

Fabricar em vez de comprar.

Recebemos uma requisição para uma máquina complexa para construção. No diálogo com o requisitante, sobre detalhes técnicos, descobriu-se que a máquina só seria utilizada por três meses.

Alugamos, então, essa máquina para construção por 100 dias, obtendo uma economia de 70% sobre o preço da máquina, o que significa lucro.

Alugar em vez de comprar.

Recuperação e reciclagem

O setor do almoxarifado de recuperação, muitas vezes, consegue renovar os itens devolvidos pelos consumidores.

Por exemplo:

Uma mesa com pé quebrado. Mandamos fazer um novo pé na carpintaria e devolvemos a mesa como nova ao consumidor.

Um excesso de ácido clorídrico concentrado, recebido em devolução, foi diluído e serviu para limpeza, passando a chamar ácido muriático.

Também a venda de ferro e papéis velhos, tambores, etc., trouxe na prática, um lucro de R$ 100 mil por mês.

Estoque

Conforme o economista John M. Keynes (*A treatise of money*), o estoque tem três finalidades:

- Operacional (para transações correntes).
- Precautória (para atender a casos fortuitos).
- Especulativa (para proteção financeira).

FUNÇÕES DO ESTOQUE
QUANTITATIVAS
• Atender em tempo oportuno, todas as requisições de material. • Compensar variações das previsões de venda e/ou compra.
QUALITATIVAS
• Conservar a qualidade. • Eventualmente melhorar a qualidade (madeira, vinhos, uísque, etc.).
ECONÔMICAS
• Evitar ociosidade da mão-de-obra e/ou de equipamentos. • Reduzir despesas financeiras com imobilizações ao mínimo.
DOUTRINÁRIA E EDUCATIVAS
• Conscientizar que material é dinheiro a ser usado com cuidado e parcimônia. • Requisição de material = cheque bancário. • Materiais perigosos manipulados com consciência ecológica.

TIPOS DE ESTOQUE
OPERAÇÃO ROTINEIRA
• Materiais comprados, semiprodutos, produtos terminados. • Estoque operacional, de proteção, estratégico, especulativo, trânsito e obsoleto.
SUJEITO A INSTRUÇÕES DAS AUTORIDADES
• Alfandegado, consignado, entorpecentes, explosivos. • Gases comprimidos inflamáveis, radioativos, tóxicos.
SUJEITOS A CUIDADOS ESPECIAIS
Corrosivos (usar luvas e óculos), frágeis (tratar com cuidado), pesadíssimos (movimentar com guindaste), sensíveis à luz (teme luz), sensíveis à umidade (teme umidade ou precisa de sala desumidificada), termossensíveis (teme frio −18° c ou teme calor > −2° c ou teme calor > 22° c), validade (qualidade assegurada até a "data x"), valiosíssimos (guardar no cofre como ouro, certos hormônios, etc.).
SUJEITOS A TRATAMENTOS FORA DA OPERAÇÃO ROTINEIRA
Custódia (material destinado a projetos aguardando aplicação), escória (material a dispor com cuidado ecológico), material a recuperar (se for possível), material fora de uso ou em excesso (tentar vender), sucata (a vender), socorrimento-SOS (peças de reserva, acessíveis durante 24 horas, etc.).

OPINIÕES SOBRE ESTOQUE	
Setor produção	Manter grandes estoques. Permitem maior flexibilidade e evitam risco de parada.
Setor manutenção	Colocar todos os sobressalentes no estoque. Máquinas precisam funcionar.
Setor projetos	Tudo o que provavelmente for necessário, colocar logo no estoque. Sobras sempre se aproveitam.
Setor vendas	Manter estoques confortáveis. Facilitam fornecimento rápido, que é argumento de venda.
Setor compras	Construir estoques máximos. Ensejam pedidos importantes, com melhor preço, maior segurança e menor trabalho.
Setor financeiro	Manter estoques mínimos. Qualquer imobilização custa caro e diminui o capital de giro.
Setor gestão de estoque	Manter estoques necessários. Para evitar faltas e imobilizações desnecessárias.

Em resumo, todos os setores querem estoque alto e confortável, exceto o setor financeiro. O gestor de estoque é o mediador entre as duas tendências, utilizando para conciliação a pesquisa operacional.

Evidentemente, o estoque depende muito do planejamento estratégico.

Porém, o estoque influi sempre sobre a rentabilidade da empresa, o que nem todos os empresários observam.

O estoque custa as despesas de imobilização, que se compõem do custo de armazenagem e do custo financeiro.

O custo de armazenagem é: seguro, aluguel ou depreciação, perdas, deteriorização, obsolescência, transporte, arrumação, inventário permanente, etc.

Artur Andersen indica como custo de armazenagem 26%, mas um estudo da ONU indica 15% a 20%.

Nós tomamos como média 17,5%.

O custo financeiro oficial é, atualmente, de 19,5%.

Por conseguinte, o custo de imobilização Di (Despesa de imobilização) é 37%.

Este custo naturalmente varia conforme o ramo do negócio, tipo do material, custo financeiro, etc.

O custo do estoque médio em % sobre vendas sem impostos é o resultado da divisão da Despesa de imobilização (Di) pelo Coeficiente de Rotação (Rot).

De fato, se o estoque fosse imobilizado durante 1 ano, a despesa total do estoque incidiria sobre as vendas. Se o estoque ficar imobilizado durante ½ ano (rotação 2), a despesa do estoque sobre vendas será a metade.

$$\% \text{ sobre venda} = \frac{Di}{Rot}$$

Se o índice de rotação aumenta, aumenta o lucro e diminui o estoque existente.

Aumento de 1 ponto na rotatividade = redução da permanência no estoque		
Rot 1 = 360 dias	Rot 2 = 180 dias	180 dias
Rot 11 = 33 dias	Rot 12 = 30 dias	3 dias
Rot 21 = 17,1 dias	Rot 22 = 16,3 dias	19 horas
Rot 41 = 8,78 dias	Rot 42 = 8,57 dias	5 horas

CUSTO DO ESTOQUE SOBRE VENDAS
% sobre vendas = Di: índice de rotação

Custo financeiro anual 19,5 Custo armazenagem 17,5		
Despesa de imobilização anual (Di) 37%		
Índice de rotação (X/ano)	Permanência (X meses)	Despesas sobre vendas
1	12	37%
2	6	18,5%
3	4	12,3%
4	3	9,25%
6	2	6,16%
12	1	3,08%

Se aumentarmos, por exemplo, com as despesas de imobilização, o índice de rotação de 4 para 6 (reduzindo o estoque de 3 meses de consumo para 2 meses de consumo), o que é perfeitamente exeqüível, aumentaremos o lucro sobre vendas de 3% (9,25 – 6,16 = 3,09).

Uma pesquisa da Finanz constatou um índice de rotação tanto da VW alemã, como da GM americana, de 7,3. A Toyota apresentou um índice de rotação de 66, com muito melhor resultado econômico. Coincidência?

Um estudo do prof. Ayala da FGV, mostra, por exemplo, que os supermercados bem-sucedidos apresentam índice de rotação de $11/15$ (Pão de Açúcar), enquanto os menos lucrativos só registram um giro de $4/5$ (Superbom, Zaffari, Pingüim). Coincidência?

A gestão de estoque parece sempre influir sobre os resultados.

O livro de Burr W. Hupp, *Inventory is a top management responsability*, demonstra que as firmas atacadistas e varejistas nos EUA, bem-sucedidas, tiveram um índice de rotação 130% maior que as malsucedidas. Coincidência?

Eu discuti essas informações com alguns gerentes de outras firmas.

Em geral, a resposta, com muita ironia, foi:
"*Você acredita então que o estoque influi no lucro?*".

De fato, o ramo de negócio determina também a rotatividade; um laticínio precisa de uma altíssima rotatividade, talvez acima de 50, idem um supermercado com pequena margem (talvez acima de 20).

Por outro lado, uma destilaria de uísque de 8 anos, terá uma rotatividade baixa, de 0,125.

Para tirar todas as dúvidas eu fiz, em 1995, uma pesquisa de mercado. As grandes firmas, em geral, não me responderam nem indicaram seus números.

Contentei-me, então, com 84 firmas de porte médio, de 10 segmentos diferentes, que me forneceram os dados necessários. O resultado foi o seguinte: 9%, apesar de baixa rotatividade, tiveram um lucro proporcional maior, outros 9%, apesar de alta rotatividade, um lucro proporcional menor, mas 82% tiveram boa rotatividade e bom lucro (ver a seguir).

Aumentar a rotatividade = aumentar o lucro

ROTATIVIDADE – LUCRO

EMPRESA	VENDA LÍQUIDA R$ milhões	ESTOQUE MÉDIO* R$ milhões	ROTATIVIDADE x	% LUCRO SOBRE VENDAS	
QUÍMICA E PETROQUÍMICA					
Rhodia	669	86	7,77	0,9	
Elequeiroz N.E.	100	14	7,14	1,5	
Tibrás	101	19	5,31	2,7	#
Nitrocarbono	170	11	15,45	3,1	#
Petrobras	15.936	2.935	5,43	3,9	
Politeno	146	26	5,61	5,5	
Pronor	150	8	18,75	7,7	
Copesul	649	30	21,96	9,7	
Copene	1.176	242	4,86	12,3	#
ADUBOS					
Copebrás	202	17	11,8	2,6	#
Solorrico	142	15	9,46	2,7	#
Ultrafértil	87	21	4,14	19,9	
Fosfértil	189	46	4,10	21,7	
METALÚRGICA					
Romi	137	53	2,58	2,4	
Gerdau	2.108	557	3,78	2,4	
Cosigua	704	143	4,99	4,2	
CSN	2.145	655	3,27	5,0	
Siderúrgica Riograndense	449	73	6,15	6,1	
Ferbasa	95	10	9,5	12,1	
FARMACÊUTICOS					
Rhodia Ster	449	80	5,61	4,2	
Roche	301	47	6,40	13,7	
Baldacci	17	18	9,44	15,1	
PAPEL					
Klabin	1.150	128	8,9	8,1	
Ripasa	345	27	12,77	9,8	
EDITORES					
Abril Jovem	52	1,5	34,6	−3,3	
Caras	66	1,5	44	7,8	
SUPERMERCADO					
Macro	1.209	87	13,89	−1,9	
Supermar	304	23	13,21	−0,8	
Pão de Açúcar	2.589	119	21,75	2,9	

LUCRO

EMPRESA	VENDA LÍQUIDA R$ milhões	ESTOQUE MÉDIO* R$ milhões	ROTATIVIDADE x	% LUCRO SOBRE VENDAS	
ALIMENTOS					
Leco	151	2,86	52,85	0,2	#
Vigor	146	9	16,22	2,4	
Ceval	1.523	193	7,89	4,1	#
VESTUÁRIO					
Buettner	66	18	3,77	−19,7	
Cambuci	167	16	10,43	7,0	
Marisol	135	55	2,45	16,0	#
DIVERSOS					
(não-comparáveis)	421	61	6,90	−3,6	
Pirelli Cabos	622	160	3,88	3,3	
Nec	626	50	12,52	5,9	
Pirelli Pneus	350	34	10,29	8,3	
Duratex	388	66	14,96	8,0	
Ponto Frio	194	14	13,85	8,4	
Cebrace	1.599	437	3,65	12,0	

*Estoque médio de 31/12/94 a 31/12/95.
Desviando fortemente do princípio > rotatividade > lucro.

O quadro a seguir mostra por que se deve enfatizar a AM em relação a outros setores. A AM pode dar mais lucro.

LUCRATIVIDADE EM %

	A	B	C	D
	Situação base	+5% vendas	−5% compras	+5% compras
Vendas	100	105	100	100
Material	60	63	57	63
Despesas variáveis	28	29,4	28	28
Despesas fixas	9	9	9	9
Resultado	3	3,6	6	0
Variação do resultado	—	+20%	+100%	(−100%)

A Situação base conforme estatísticas comerciais.
B Aumento de venda de 5%.
  Se para o padrão maior forem necessários investimentos, o resultado será menor.
C Redução de valor de compras de 5%.
D Aumento de compras de +5%.

Observação: Verifica-se que um aumento de 5% de vendas e produção resulta em 20% de aumento do lucro. Uma redução de 5% nas compras resulta em 100% de aumento da rentabilidade. Um aumento de 5% nas compras (comprador corrupto – boleiro) acaba com o lucro. Quadro teórico simplificado. Calcule os dados da sua empresa com os seus dados na situação base deste quadro.

45

Mas as economias em material têm efeito sinérgico e multiplicador, como mostra o estudo de economistas russos (Aggarwal):

ECONOMIA DE 1% NO MATERIAL NA RÚSSIA
Proporcionou os seguintes resultados:

Economia de material	5,5	bilhões de rublos
Produção adicional	10,0	bilhões de rublos
Economia de mão-de-obra	3,2	bilhões de rublos
Economia de investimentos	30,0	bilhões de rublos

(Câmbio oficial na época: 1 rublo = US$ 1,51)

Um estudo encomendado pela "Associação dos Presidentes", nos EUA, estabeleceu 3 pontos relativos ao lucro na AM:

- Cerca de 20% a 30% do lucro da empresa, podem e devem provir das economias da sua AM.
- 2% do valor das aquisições devem ser considerados como meta de contribuição da AM para o lucro da empresa.
- A AM deve retornar para o lucro da empresa entre 300% a 500% do seu custo operacional.

Alguém pode indicar outro investimento com retorno de 300% a 500%?

Empresário, permita-me dar-lhe alguns conselhos para aumentar os seus resultados.

A AM que dispõe de cerca de 60% das suas receitas, é uma atividade demasiadamente importante para ser confiada a amadores ou pessoas de baixo padrão moral.

Não se iluda! Contrate um administrador de material competente.

Uma AM não organizada pode atrasar o desempenho da sua empresa.

Exija que seus administradores de material obtenham mais e melhor treinamento (seminários, cursos, etc.). Uma auditoria é aconselhável.

Aos administradores de material, digo:
Vocês se realizarão e se sentirão felizes se:
- gostarem do seu trabalho,
- executarem bem o seu trabalho e
- ficarem orgulhosos do resultado.

Nossa esperança nunca morrerá. Eu talvez já não esteja mais entre vocês, mas vocês, com seu amor pelo trabalho e esforço árduo, ainda se orgulharão de fazer uma contribuição importante para os resultados da sua empresa.

Assim, viveremos nossos desejos e vocês se sentirão realizados e felizes, e é isto que espero que aconteça com todos vocês.

A AM é um pouco como a saúde. Nem todos percebem a sua importância.

O GESTOR DO ESTOQUE DEVE CONTRIBUIR PARA O LUCRO QUE SATISFAÇA O USUÁRIO DO ESTOQUE		
• Otimizador do capital de giro (estoque c/maior rotatividade). • Apóstolo da parcimônia (atividade conservante de recursos). • Lutador pela competitividade (qualidade, rapidez, custos). • Evitador de riscos (faltas, acidentes, obsolescência). • Disponibilizador de supérfluos (obsoletos, excessos, sucata). • Soldado no combate à recessão (macroeconomia). • Criador de mentalidade: material é dinheiro.	• Participante no planejamento estratégico. • Colaborador ativo na produção e vendas. • Economizador do tempo da produção (entregas rápidas, evitando que os funcionários da produção vão ao almoxarifado). • Informador instantâneo (de disponibilidade, preços, etc.). • Precursor na informática (a computação da logística parece a mais complexa). • Alertador e controlador de compras.	• Conservador da qualidade e quantidade. • Especialista em armazenagem (técnicas de verificação, arrumação, separação e movimentação correta, rápida e econômica). • Recuperador de alterados e/ou desclassificados (por conserto, retratamento ou reembolso seguro). • Defensor da ecologia (cuidado especial com material perigoso). • Exemplificador de conduta ética. • Promotor da análise de valor. • Inovador e melhorador contínuo. • Treinador e motivador.

Em épocas de euforia ninguém dá muito valor à saúde; só lhe dão a devida atenção quando começam a ficar doentes.

Mas, como o médico tem a obrigação profissional de alertar sobre a importância da saúde e o modo de mantê-la em boa forma, também o administrador de material tem o dever de apelar aos empresários, mostrando a importância da AM para a boa saúde da sua empresa.

Tenho certeza de que todos serão "bandeirantes" para convencer os homens responsáveis a colaborarem com os administradores de material, em benefício das empresas.

Finalmente, vejam a Universidade Stanford:

> "AM é a última mina de ouro para o empresário.
> De fato, é a última função especializada a ser centralizada e revestida de responsabilidade e autoridade a fim de poder fazer uma maior contribuição para o lucro.
>
> *Prof. Lee*
> *Universidade Stanford*

Sete mandamentos da economia de material — Anexo I

1. Trate o material com cuidado!

Material maltratado, sem cuidado, limpeza e manutenção, dura e rende menos, além de causar impressão desfavorável sobre a administração do setor onde se encontra.

2. Use o material com parcimônia!

Uso em excesso não é só anti-econômico mas, também, indigesto.
Lembre-se: material é dinheiro que não deve ser desperdiçado.

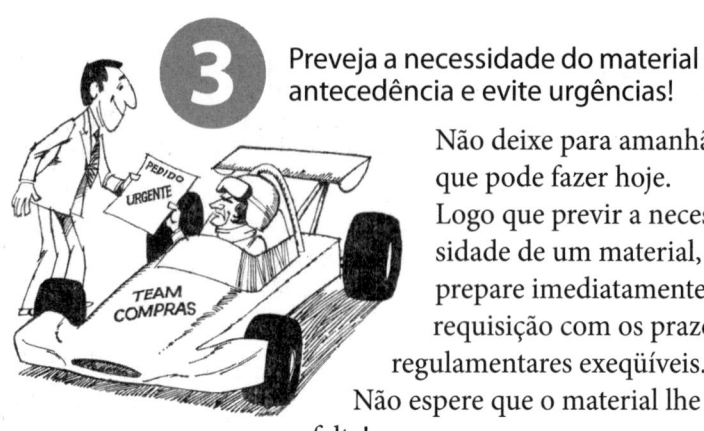

3. Preveja a necessidade do material com antecedência e evite urgências!

Não deixe para amanhã o que pode fazer hoje.
Logo que previr a necessidade de um material, prepare imediatamente a requisição com os prazos regulamentares exeqüíveis.
Não espere que o material lhe falte!
Uma requisição "**urgente**" de uma pessoa imprevidente ou impaciente, prejudica o andamento dos despachos das outras.
Se o material não existir em estoque, forçará uma compra sem concorrência, a um preço mais alto, acrescido de despesas suplementares para transportes urgentes, etc.
Não peça nada "urgente" sem absoluta necessidade!

4. Peça só o estritamente necessário

Reflita bem sobre a absoluta necessidade do material e veja se pode ser aproveitado um já existente.
Talvez fazendo um segundo estudo crítico, você chegue à conclusão de que poderá dispensar o material ou, pelo menos, diminuir a quantidade inicialmente prevista.
Não se preocupe apenas com os pedidos de vulto facilmente verificáveis e controláveis. As milhares de requisições de material miúdo, cujo valor total somado é estarrecedor, devem também merecer a sua atenção.

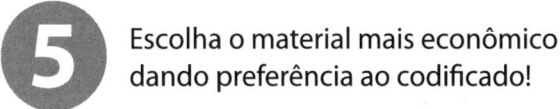

5 Escolha o material mais econômico dando preferência ao codificado!

Analise bem a finalidade do artigo desejado.

Às vezes, um material de qualidade comum serve perfeitamente para o propósito previsto e, naturalmente, é mais barato.

Por outro lado, um material de alta qualidade pode ser mais econômico, desde que seja **comprovado** seu uso em menor quantidade, sua maior duração ou melhor funcionalidade.

Lembre-se: a qualidade não pode ser medida pelo preço!

Faça uma análise de valor!

Procure o menor custo para a função essencial do artigo, com a confiabilidade exigida.

Na maioria dos casos, certamente o material codificado (existente no estoque) pode preencher a finalidade desejada!

Lembre-se de que o uso desse material, mesmo de bitola maior ou qualidade melhor, para pequenos e médios serviços, é mais econômico.

O material codificado é mais fácil de ser encontrado, é de menor custo, e você o receberá mais rapidamente.

Só no caso de ser impossível usar o material codificado, então peça material especial.

6. Especifique corretamente

Uma especificação correta evita enganos, possibilitando uma compra certa e evitando-lhe o desgosto de receber o material em desacordo com o que imaginou e que não soube pedir na requisição.

Para evitar perda de tempo e dinheiro:
- as requisições de "material codificado do estoque" devem mencionar a nomenclatura e o código de acordo com o "extrato do catálogo";
- as de "material especial não codificado" devem sempre indicar a especificação correta, detalhada e completa.

7. Não faça estoque na sua seção!

O lugar do estoque é o almoxarifado.

Material guardado em excesso, na seção, constitui uma duplicação e, por conseguinte, um empate de capital suplementar desnecessário.

"UM HOMEM PREVENIDO VALE POR DOIS" (MAS GASTA POR DEZ)

Devolva ao almoxarifado ou ao setor de reaproveitamento todo o material desnecessário na sua seção. Com este procedimento, seu órgão se credita do valor correspondente, evita que o material se estrague e fique obsoleto e colabora para a economia da empresa, pondo o material à disposição de eventuais outros usuários.

Análise de Valor — Anexo II

Como fazer uma Análise de Valor (AV)

Delineamos cinco fases para uma abordagem organizada, e só este método sistematizado dá resultados. Já disse Descartes: *"Método consiste em arranjar coisas ordenadamente para descobrir novas verdades"*.

UM CAMINHO SISTEMATIZADO PARA A AV

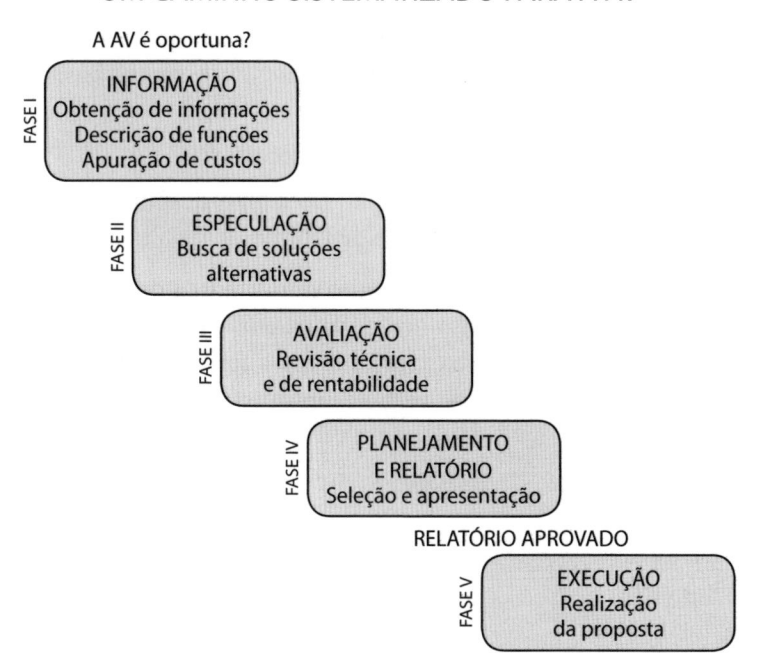

A AV é oportuna?

FASE I — INFORMAÇÃO
Obtenção de informações
Descrição de funções
Apuração de custos

FASE II — ESPECULAÇÃO
Busca de soluções alternativas

FASE III — AVALIAÇÃO
Revisão técnica e de rentabilidade

FASE IV — PLANEJAMENTO E RELATÓRIO
Seleção e apresentação

RELATÓRIO APROVADO

FASE V — EXECUÇÃO
Realização da proposta

Para cada fase da AV:
- fazemos perguntas;
- recomendamos técnicas;
- e, no fim, fazemos verificações (*check-list*).

Vejamos, então, a Fase I da AV: INFORMAÇÃO.

Perguntas:
- O que é?
- O que faz?
- O que deve fazer?
- Quanto custa?
- Quanto custa a função e as partes básicas?

Técnicas:
- Obtenha informações completas e das melhores fontes;
- Defina função(ões);
- Faça uma avaliação funcional.

Verificações:
- Você tem todas as informações relevantes e os custos atualizados sobre todas as funções e partes básicas e secundárias?
- Verificou todas as partes desnecessárias?
- Verificou novamente materiais, mão-de-obra, consumo de energia ou métodos de fabricação de alto custo?

A fase de informação é muito importante porque é a base de todas as outras. Precisamos de fatos e não de opiniões sobre desempenho, produção e custos. Na AV a função é expressa em duas palavras somente: um verbo e um substantivo. Por exemplo:

Suportar peso	Coordenar planejamento
Prevenir oxidação	Especificar material
Criar força	Codificar item
Evitar atrito	Catalogar material
Reduzir calor	Identificar necessidade

Manter temperatura	Controlar estoques
Filtrar fluido	Requisitar material
Estabelecer transmissão	Pedir cotações
Transmitir energia	Avaliar concorrência
Aumentar força	Negociar condições
Melhorar proteção	Comprar material
Controlar voltagem	Reclamar entrega
Amplificar luz	Receber mercadoria
Proporcionar conforto	Controlar artigo
Aplicar tinta	Armazenar material
Manter estilo	Distribuir material
Melhorar aparência	Recuperar material

Proponho um exercício que Miles (para a AV) utiliza nos seus seminários. Todas as respostas que obtive sobre "o que faz" uma lâmpada, estão listadas abaixo:

Proporciona energia luminosa	Protege a vista
Produz luz	Produz flutuação (bóia)
Produz calor	Faz barulho (quebrando)
Produz sinal	Choca pintinhos
Proporciona decoração	Usa eletricidade
Enche soquete	Produz carga
Proporciona proteção (contra assaltos à noite)	Produz lucro (para o fabricante e a companhia de luz)
Atrai clientes (lâmpadas coloridas)	Evita barulho (em vez de sinal sonoro)
Segura abajur	Embeleza árvores de Natal
Segura a meia (para a avó remendar)	Facilita a leitura (à noite)

Qual é a função básica? Parece que há consenso: "produz luz". Aprofundemo-nos um pouco mais. Quais são as partes da lâmpada?

O QUE É?

(lâmpada incandescente 110V — 60W,
base E-27, bulbo A-19, acabamento fosco)

PARTES:

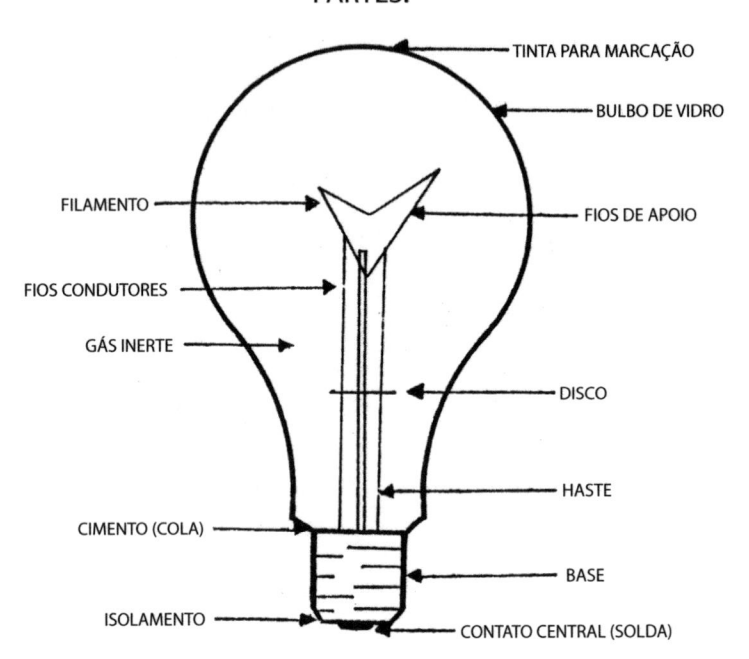

- TINTA PARA MARCAÇÃO
- BULBO DE VIDRO
- FILAMENTO
- FIOS DE APOIO
- FIOS CONDUTORES
- GÁS INERTE
- DISCO
- HASTE
- CIMENTO (COLA)
- BASE
- ISOLAMENTO
- CONTATO CENTRAL (SOLDA)

E qual seria a parte básica? Parece que há também um consenso: o filamento. Obviamente, o filamento não pode preencher a função básica sozinho; precisa de algumas partes secundárias de suporte. Vejamos agora: Quanto custa a lâmpada? Quanto custa a parte básica? Geralmente, não custa mais do que 10% a 20%.

No seminário de Miles, o chefe de departamento de bases discordou que o filamento seja a única parte básica. Ele disse: *"A GE nunca vendeu, nem venderá uma lâmpada sem uma base do meu departamento!"*.

Alguns anos depois, a GE lançou o *midget flash-bulb* sem base! Uma vitória da AV, eliminando mais uma parte secundária.

Muitas vezes é oportuno fazer um diagrama de análise funcional que os americanos chamam *FAST* (*Functional Analysis System Technique*).

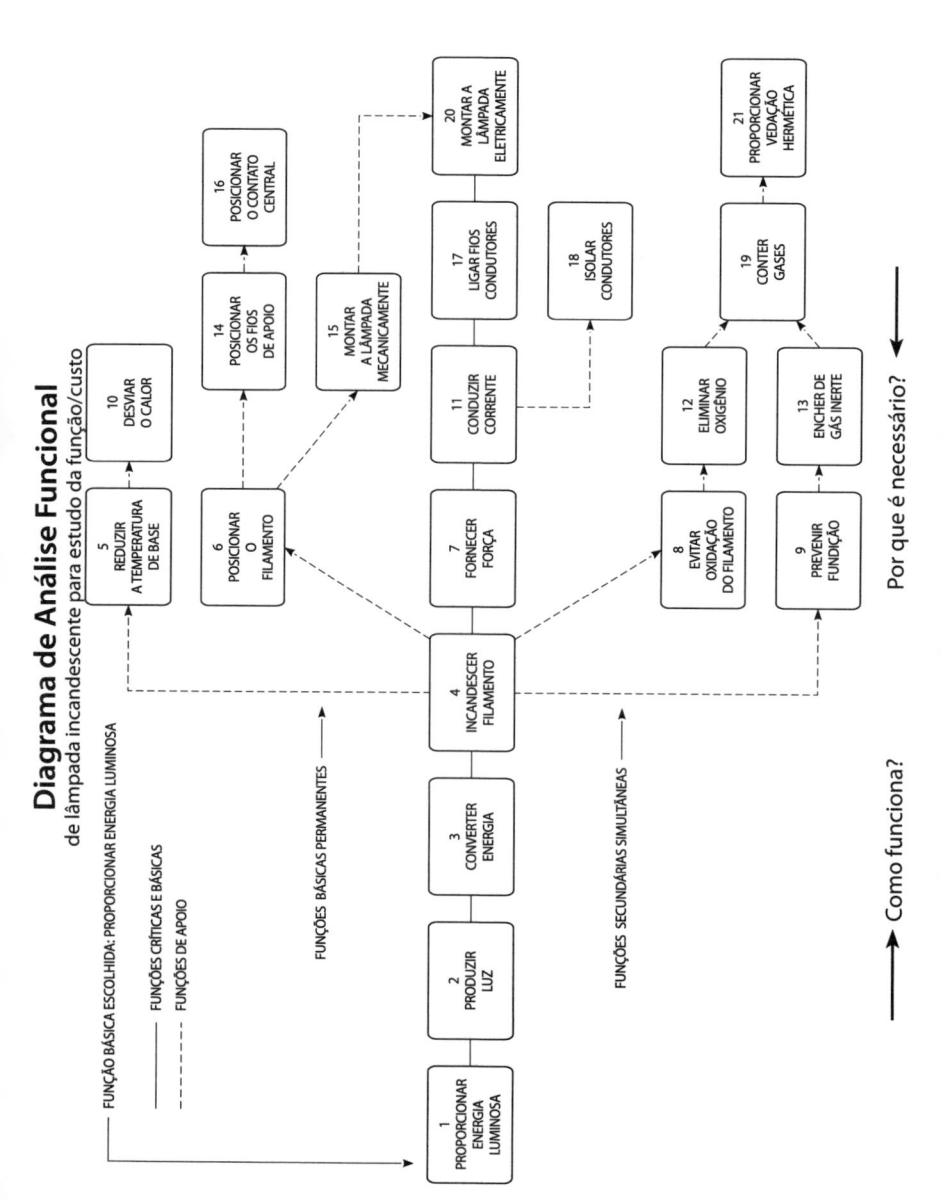

Diagrama de Análise Funcional
de lâmpada incandescente para estudo da função/custo

FUNÇÃO BÁSICA ESCOLHIDA: PROPORCIONAR ENERGIA LUMINOSA

——— FUNÇÕES CRÍTICAS E BÁSICAS
- - - - FUNÇÕES DE APOIO

1. PROPORCIONAR ENERGIA LUMINOSA
2. PRODUZIR LUZ
3. CONVERTER ENERGIA
4. INCANDESCER FILAMENTO
5. REDUZIR A TEMPERATURA DE BASE
6. POSICIONAR O FILAMENTO
7. FORNECER FORÇA
8. EVITAR OXIDAÇÃO DO FILAMENTO
9. PREVENIR FUNDIÇÃO
10. DESVIAR O CALOR
11. CONDUZIR CORRENTE
12. ELIMINAR OXIGÊNIO
13. ENCHER DE GÁS INERTE
14. POSICIONAR OS FIOS DE APOIO
15. MONTAR A LÂMPADA MECANICAMENTE
16. POSICIONAR O CONTATO CENTRAL
17. LIGAR FIOS CONDUTORES
18. ISOLAR CONDUTORES
19. CONTER GASES
20. MONTAR A LÂMPADA ELETRICAMENTE
21. PROPORCIONAR VEDAÇÃO HERMÉTICA

FUNÇÕES BÁSICAS PERMANENTES

FUNÇÕES SECUNDÁRIAS SIMULTÂNEAS

⟵ Como funciona?   Por que é necessário? ⟶

Este diagrama estimula o pensamento organizado e lógico, simplifica e esclarece o problema, mostra as funções independentes como as funções básicas e secundárias. Pode-se verificar a lógica do diagrama fazendo a pergunta: "Como funciona?" da esquerda para a direita, e a pergunta: "Por que é necessário?" da direita para a esquerda.

Vejamos então, a Fase II, criativa: ESPECULAÇÃO.

Perguntas:

Quais são as alternativas? (do desempenho da(s) função(ões) básica(s))

Técnicas:
- Use técnicas criativas (*brainstorm*).
- Elimine!
- Tente tudo.
- Destrua – crie.
- Supersimplifique.
- Modifique e refine.
- Não avalie! Quanto mais idéias, melhor.

A Fase II de especulação é a fase mais criativa. Criatividade é a percepção e descrição de uma relação válida entre dois ou mais objetos ou ações (Dr. Herbert Harris, da MIT). Precisamos de uma mente inquisitiva, com habilidade de ver as necessidades com descontentamento construtivo. O melhor resultado é obtido pelo *brainstorm* ("fundir a cuca").

O coordenador enuncia o problema, identificando a função básica (obtida na Fase I) e encoraja a todos para exprimirem qualquer idéia, mesmo que pareça absurda ou ridícula à primeira vista. Todos podem partir dessas idéias ou modificá-las. Quanto mais idéias melhor. Nenhuma avaliação é permitida nesta fase. A "escada de níveis de abstrações" pode ser útil na procura de alternativas.

ESCADA DE ABSTRAÇÃO

ALTERNATIVAS:

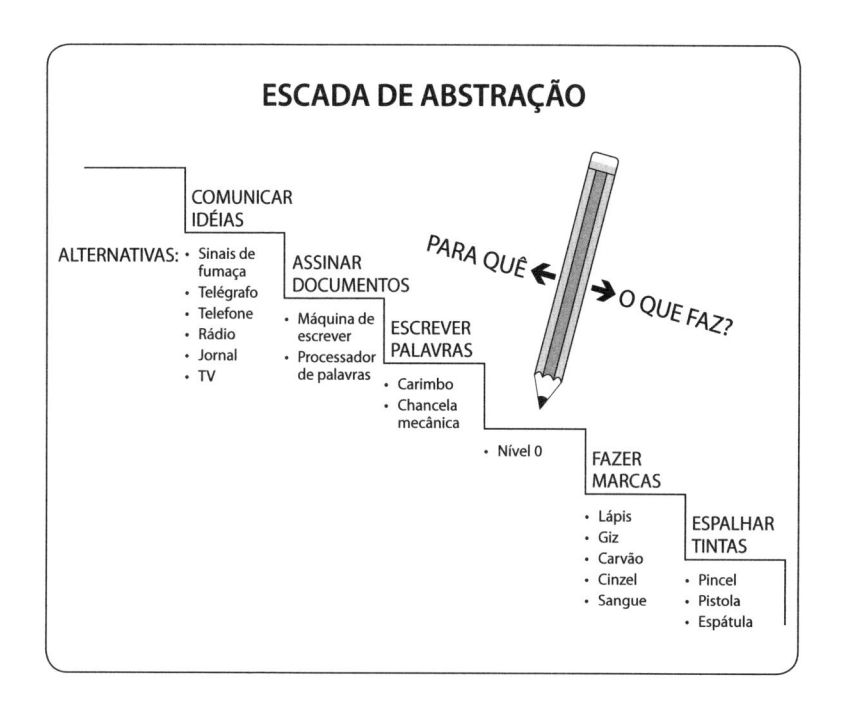

- COMUNICAR IDÉIAS
  - Sinais de fumaça
  - Telégrafo
  - Telefone
  - Rádio
  - Jornal
  - TV
- ASSINAR DOCUMENTOS
  - Máquina de escrever
  - Processador de palavras
- ESCREVER PALAVRAS
  - Carimbo
  - Chancela mecânica
- Nível 0
- FAZER MARCAS
  - Lápis
  - Giz
  - Carvão
  - Cinzel
  - Sangue
- ESPALHAR TINTAS
  - Pincel
  - Pistola
  - Espátula

PARA QUÊ ← → O QUE FAZ?

Procuremos, juntos, as alternativas para um prendedor de gravata.

PRENDEDOR DE GRAVATA
Função básica: prender gravata

Alfinete comum
Alfinete de gravata
Alfinete de segurança
Alfinete para fralda
Argola para chaveiro
(enfiado na casa do botão)
Barbante
Camisa com gravata impressa
Clipe para papel
Clipe jacaré

Corrente
Espinho
Fita adesiva
Grampo para cabelo
Gravata comprida
(por dentro do cinto)
Linha (costurada)
Pregador de roupa
Prendedor de camisa
Presilha

ACELERADORES

Hidrogênio e nitrogênio demoram a se juntar e produzir amônia. Com um catalisador (ferro, no caso) a reação se acelera sensivelmente. Com esta idéia, Miles criou aceleradores com as seguintes perguntas:

Verificações e aceleradores:
- O artigo (ou parte dele) pode ser eliminado sem prejuízo?
- O artigo pode ser substituído por item padronizado? Ou pode ser aproveitado um recuperado?
- O artigo pode ser substituído por um "padrão" industrial ou comercial, sem prejudicar a função? Ou por outro material?
- O artigo tem maior capacidade ou tamanho que o necessário?
- O artigo tem maior peso que o necessário?
- O acabamento e a aparência poderiam ser mais simples?
- As tolerâncias poderiam ser aumentadas?
- A embalagem poderia ser suprimida ou reduzida (saco/granel)?
- O transporte é o mais adequado?
- O fornecedor foi convidado a dar sugestões para reduzir o custo?
- Que alternativa pode reduzir o custo de fabricação, energia, embalagem, transporte, operação ou manutenção?
- Registrou todas as idéias surgidas no *brainstorm*?

Registramos todas as alternativas e chegamos então à Fase III – AVALIAÇÃO.

Perguntas:
- Quanto custa cada alternativa?
- Cada uma desempenhará a(s) função(ões) básica(s)?
- Qual a melhor alternativa?

Técnicas:
- Coloque R$ em cada idéia.
- Avalie por comparação.
- Refine as idéias.
- Use serviço de peritos.
- Recorra à "pesquisa operacional".

Verificações e aceleradores:
- Desenvolveu e comparou os custos de todas as alternativas possíveis?
- Revisou as possíveis alternativas com especialistas?
- Aprofundou-se nas alternativas de menor custo e refinou as alternativas aceitáveis?
- As alternativas melhores economizam mão-de-obra, energia, tempo ou material?
- Melhoram qualidade, apresentação, embalagem, transporte ou manutenção?
- Aumentam o desempenho ou a durabilidade?
- Escolheu entre as alternativas aceitáveis a melhor e de menor custo?

Algumas avaliações, que Miles chama de aceleradores:
- Custo de material, com a mesma função, pode ser avaliado.

	CUSTOS RELATIVOS		
	Custos de materiais por volume de:		
	Peso específico Kg/dm³	Preço £ Bolsa de Londres	Índice custo por volume
Bronze	8,50	1,51	1.585
Cobre	8,94	1,11	1.223
Latão	8,43	1,10	1.144
Alumínio	2,75	0,81	275
Aço	7,85	0,18	174
PVC	1,40	0,76	131
Polietileno	0,95	0,85	100

O custo conforme o peso deve ser verificado.

CUSTOS POR KG
Válvulas gaveta Fofo padrão 125LBS
Fornecedor S

Válvula 10"
Preço teórico de 200 kg custa R$ 357 - R$ 71.400
Oferta (•) .... R$ 81.600

O método de fabricação ou da operação deve ser considerado.

ALTERNATIVAS DO MÉTODO DE OPERAÇÃO
Índices

Ex: Rotor		
Fundido 100	Rebitar (tubular) 100	Medir com calibre (S/NS) 100
Sintetizado 178	Solda elétrica 185	Medir com micrômetro 200
Laminado 228		
Estampado 237	Furar com punção 100	Filtrar 100
Forjado 239		
Injetado 288	Furar com broca 500	Destilar 880

Agora é a vez da Fase IV – PLANEJAMENTO E RELATÓRIO.

Perguntas:
- A melhor alternativa satisfaz todos os requisitos?
- O que está faltando?
- Quais são os custos?
- Quais são as economias?
- Quem aprovará o relatório?

Técnicas:
- Junte fatos convincentes.
- Trabalhe com específicos, não com generalidades.
- Prepare proposta-resumo.
- Explique as vantagens e desvantagens.

- Apresente os fatos concisa e convincentemente.
- Obtenha consenso do usuário.
- Remova os obstáculos.
- Motive o tomador da decisão.

Verificações:
- As alternativas de menor custo proporcionam qualidade satisfatória, desempenho necessário e confiabilidade?
- Evitam desperdícios de mão-de-obra, material ou tempo?
- Satisfazem as normas de segurança?
- Melhoram os métodos de fabricação, operação ou manutenção?
- Todos os dados foram documentados, as quantidades foram conferidas, assim como os custos usados nos cálculos?
- As economias líquidas estimadas estão corretas?
- O relatório sobre a alternativa escolhida apresenta todos os fatos completos, clara, concisa e convincentemente?
- Você está preparado para todas as perguntas que eventualmente possam ser feitas?
- Contatou a autoridade para aprovar o relatório sobre a alternativa proposta?

Enfatizamos, então, no relatório as vantagens da alternativa proposta: melhor qualidade, maior desempenho, economia de tempo ou energia, melhor uso, melhor apresentação, maior duração e economia no custo, para obter aprovação.

Mas, você não chegará a compor o relatório se não observar o caminho organizado das cinco fases. Já na Bíblia é relatado o primeiro fracasso da AV, porque não foi seguida esta sistemática:

No Gênesis, aprendemos que Eva ouviu a propaganda da serpente. Ela começou bem a AV perguntando: "O que faz o fruto proibido"?

Avaliando corretamente sua função: "delicia o paladar, agrada aos olhos, transmite sabedoria".

Mas esqueceu-se da pergunta seguinte: "Quanto custa?" A perda do paraíso foi um preço alto demais para aquelas funções.

Chegamos, então, à Fase V – EXECUÇÃO.

Técnicas:
- Use boas relações humanas.
- Motive o usuário.
- Ofereça assistência na implementação.
- Lembre a importância da economia.
- Avise sobre os obstáculos.
- Sugira um plano de ação.
- Acompanhe a execução.

Verificações:
- O relatório foi aprovado?
- O usuário deu seu consenso?
- Você está acompanhando a execução?
- Você deu assistência para esclarecer dúvidas e complementar a implantação?
- Você auditou o resultado obtido com as economias previstas no relatório?

O sucesso da AV não consiste só em encontrar uma alternativa melhor, mas em conseguir mudar hábitos. Precisamos da sabedoria de Salomão e da paciência de Jó.

Para modificar hábitos, precisamos transpor três barreiras:
- da **ignorância** (com informações novas);
- da **desconfiança** (com argumentos convincentes);
- da **inércia** (com demonstração, nova explicação, treinamento e controle permanente).

Em suma, não se pode esquecer de que:
VOCÊ não aprende ginástica lendo um livro ou ouvindo uma palestra.

VOCÊ pode aprender os movimentos básicos, mas depois precisa fazer os exercícios e aprender praticando.

VOCÊ terá que aplicar todo dia a AV, usando as fases básicas.

VOCÊ terá, assim, a necessária prática para olhar os problemas de custo enfatizando o VALOR da função em primeiro lugar, dando um balanço inteligente entre custo e função.

Para finalizar, cito o lema que antepassados inscreveram na nossa bandeira: "ORDEM E PROGRESSO".

O que é ordem? O respeito às leis ou normas em benefício da comunidade.

E progresso? Uma mudança para melhor.

Todo o mundo é defensor acirrado de ordem e progresso. Mas, o que se vê, às vezes, na prática? Gente que, por comodidade ou vaidade, com fofocas e ardis, tenta perturbar a ordem. E outros, aliás em maior número, que são avessos às mudanças para melhor: ao progresso.

Ficarei muito contente se, com minha propaganda, conseguir criar em você o desejo de possuir um novo valor de estimação: a AV. Ficarei mais satisfeito ainda, se conseguir motivá-lo a aplicar a AV de modo ordenado para obter uma mudança para melhor, ou seja, o progresso, que todos nós almejamos.

Como especificar corretamente

A finalidade da especificação é definir o artigo mais adequado, isto é, o melhor e mais econômico para um determinado fim, de maneira facilmente compreensível, evitando dúvidas e ambigüidades.

A especificação correta economiza tempo e dinheiro, evitando a compra de material inadequado.

A especificação deve ser:

- Clara e sucinta, porém completa.
- Referir-se, de preferência, a produtos normalmente existentes no mercado (artigos especiais são mais dispendiosos).
- Possibilitar a verificação (especificação não verificável é de pouco valor).
- Ampla e com tolerância razoável (para possibilitar o máximo de concorrências).

A especificação propriamente dita, deve:
Mencionar uma especificação existente:
- padrão industrial/comercial.

Convencionado
- Marca X – se apenas serve esta marca.
- Tipo (tp) X – material com qualidade e/ou desempenho semelhante ao tipo indicado.

Exemplos:

Chave inglesa 8" marca Crescent AT 118	Se só a marca Crescent satisfaz (concorrência restrita!)
Chave inglesa 8" tipo Crescent AT 118	Se uma marca da qualidade similar à Crescent serve (Belzer-Itma, Gazet, Ridgid, etc.)
Chave inglesa 8"	Se qualquer tipo e qualidade serve (Vachert, Gedore, etc.)

e/ou **número de referência** de um **catálogo** do fabricante.

Exemplo:

Válvula de gaveta Fofo 0 4" tipo Conf. catálogo Niagara 73 fig. 160	A referência do catálogo serve para indicar forma, acabamento e condições de serviço. Poderá ser comprado, todavia, da Incoval, Vanasa, etc.

e/ou **número de uma oferta** tecnicamente detalhada e aprovada.

Exemplo:

| Termômetro bimetálico – conforme oferta René Graf de 10,9, p. 2, item 5. | Exatamente conforme as especificações detalhadas da oferta citada, excluídas as condições comerciais. |

Descrever o artigo, indicando:

- **Matéria** da qual o artigo é feito.
  Análise química (concentrações) ou propriedades físicas e eventuais referências de domínio público (ASTM, FB, AISI, etc.).
- **Forma, tamanho,** n.º desenho*, medidas, capacidades e tolerâncias ("de/a" ou "±").
  Lembre-se de que quanto maior a tolerância indicada, mais fácil e mais barata será a aquisição.
- **Acabamento** (se for especial), cor, apresentação.

Exemplo:

Tubo aço inox externo e ± 100mm espessura 3,2 mm	Serve também 4" = 101,6 mm como 1/8" = 3,2 mm
AISI-316 pontas lisas, decapado (não especificou construção)	Sendo indiferente com ou sem costura.
Barras 4/6 m	Barras de 4 até 6 m, servem.

Tubo aço inox externo 4"	4" = 101,6 mm, excluindo 100 mm.
Espessura 1/8" (não indica qualidade)	1/8" = 3,2 mm, excluindo 3 mm. permitindo compra de qualquer qualidade (AISI-304, etc.)
Sem costura	Se de fato necessário, sendo com costura mais barato e de mais fácil aquisição.
(Não indicando acabamento)	Podendo ser com carepa.
Comprimento 6 m	Excluindo barras entre 4/6 m.

---

* Um desenho completo indica, geralmente, além das medidas e tolerâncias, a matéria e o acabamento.

| Estator p/ HY drafiner nº 6 | O desenho indica o material, usinagem e as medidas e tolerâncias. |
| Desenho M.50.03.046 | Por conseguinte, é suficiente como especificação. |

Métodos excepcionais a utilizar somente se não forem possíveis os métodos já citados.

- **Indicação** do método de fabricar artigo.

Exemplos:

| Cobre eletrolítico | Só aceita o cobre obtido por eletrólise, excluindo o refinado, etc. |

- **Amostra** (que é sujeita a mudanças físicas) ou **modelo**.

Exemplos:

| Peça para máquina X conforme amostra anexa | Se é difícil de descrever a peça pequena e não há desenho. Evitar pedir conforme amostra, para não correr o risco de imprecisões ou extravios. |

Aplicação

- **Finalidade** (ou especificação de uso) não só é uma boa indicação como também justificativa.

> Grega branca, etc., etc., para azulejos 15 x 15 cm.
> Sal Wolman Thanalit, etc., para preservar madeira.

- A indicação para "uso na seção" é imprecisa e dificulta a procura.
- **Desempenho desejado**, se necessário.

Exemplo:

> Caldeira para vapor XYZ, etc.
> Desempenho mínimo 50 t/hora.

Indicações especiais, quando necessárias:
- Métodos de amostragem, de teste ou análise, adotados para verificação.
- Exigências de certificados de análise ou teste.
- Embalagem, precauções e/ou marcação especial.
- Transporte especial.

Para equipamentos:
- Indicações das peças de reserva para X anos.
- Desenhos das fundações, instalações, ligações e dispositivos auxiliares.
- Inspeção prévia no local X (eventualmente em diversas fases de fabricação).
- Instruções de operação, montagem e/ou manutenção.
- Ajuda para instalação e *start-up* e treinamento de operadores.
- Garantias (de desempenho) exigidas.

Medidas adotadas

O sistema métrico é obrigatório no Brasil (lei de junho de 1862). Conforme decretos nº 4.257 de 1939 e nº 16.047 de 1944, as unidades fundamentais legais brasileiras são m e kg.

O Decreto nº 63.233, de 12 de setembro de 1968, aprova e legaliza o "Sistema Internacional de Unidades", que é baseado nas seis unidades fundamentais de:

comprimento	metro	m*
massa	quilograma	kg**
tempo	segundo	s
intensidade de corrente elétrica	ampére	A
temperatura termodinâmica	kelvin	ºK
intensidade luminosa	candela	cd

---

* Comprimento igual a 1.650.763,73 comprimentos de onda, do átomo de criptônio 86, em condições predeterminadas.
** Massa do protótipo internacional do quilograma.

MEDIDAS ADOTADAS

Medida	Unidades adotadas		Equivalência	Conversão de outras unidades comerciais		
	Abrev.	Por extenso				
LINEARES	mm	milímetro	0,001 m	" = inch = polegada = 25,4 mm		
	cm	centímetro	0,1 m	' = foot = pé = 12 pol = 30,48 cm		
	m	metro	—	yd. = yard = 3 pés = 0,914 m		
				mi = milha terrestre = 1.609 m		
	km	quilômetro	1.000 m	kaot = milha marítima = 1.853 m		
SUPERFÍCIE	mm^2	milímetro quad.	0,000.001 m^2	sq. in = pol^2 = 6,4516 cm^2		
	cm^2	centímetro quad.	0,0001 m^2	sq. ft. = $pé^2$ = 0,0929 m^2		
	m^2	metro quadrado	—	ha = hectare = 10.000 m^2		
				alq. = alqueire		
	km^2	quilômetro quad.	1.000.000 m^2	mineiro = 48.400 m^2		
				paulista = 24.200 m^2		
VOLUME E CAPACIDADE	ml/cm^3	milímetro = centímetro cúbico	0,001 l	cu. in = pol^3 = 16,3872 cm^3 cu. ft. = $pé^3$ = 0,0283 m^3 coord. = 3,62 st		
	l	litro	—		EUA	Imperial
	m^3	metro cúbico	1.000 l	fl. oz = onça	29,57 cm^3	28,41 cm^3
	st	metro estéreo	*	qt = quarto	946 cm^3	1.136 cm^3
				gl = galão	3,785 l	4,546 l
MASSA	mg	miligrama	0,000.001 kg	az = avoir onça = 28,349 g		
	g	grama	0,001 kg	lb = libra = 0,4536 kg		
				cwt. = hundredweight (US) = 45,36 KG		
	kg	quilograma	—	s. t. = short ton = 907 kg		
				m. t. = metric ton = 1.000 kg		
	t	tonelada	1.000 kg	l. t. = long ton = 1.016 kg		

	Abrev.	Por extenso	Equivalência (=) Acrescido de (+)	Abrev.	Por extenso	Equiv. (=) Acresc. de (+)
DIVERSAS UNIDADES	bd	Balde	= 5 galões	jg	Jogo	+ nº componentes
	br	Barra	+ comprimento	lt	Lata	+ volume
	bbl	Barril	= 119,2 l	0/0	Cento	= 100
	bl	Bloco	100x1/50x2/50x3	0/00	Milheiro	= 1000
	cd	Cada	= 1 unidade	pr	Par	= 2
	cx	Caixa	+ conteúdo	rl	Rolo	+ Ø ou peso
	dz	Dúzia	12 unidades	rs	Resma	= 500 folhas
	fl	Folha	+ tamanho	sc	Saco	+ peso contido
	fr	Frasco	+ volume	tb	Tambor	+ volume
	gf	Garrafão	+ conteúdo	tl	Talão	50x3/25x4/ ou +
	gl	Galão	= 3,785 l	un	Unidade	= um
	gz	Grosa	= 144 unid.			

*Medida de um metro cúbico da madeira empilhada, sem descontar os vãos livres. O volume útil depende do diâmetro e forma das lascas de madeira.

Prefixos decimais					
Prefixos		Fator pelo qual a unidade é multiplicada			
terra	T	10^{12}	deci	d	10^{-1}
giga	G	10^{9}*	centi	c	10^{-2}
mega	M	10^5 (Milhão)	mili	m	10^{-3}
quilo	k	10^3	micro	µ	10^{-6}
hecto	h	10^2	nano	n	10^{-9}
deca	da	10	pico	p	10^{-12}

*Popularmente e incorretamente chamado de bilhão.

Abreviaturas usadas

Abreviaturas	Por extenso	Especificações para
A	Ampère	Intensidade de eletricidade
a(D)	Poder rotativo	Produtos químicos
ABNT	Associação Brasileira de Normas Técnicas	Engenharia e indústria
AISI	American Iron & Steel Institute	Aços especiais (usados na compra de aço inoxidável)
ASA	American Standard Association	Normas técnicas de engenharia (usadas p/compra de válvulas)
ASTM	American Society for Testing Materials Atmosfera	Testes de engenharia e indústria
atm	Atmosfera	= 1,03 kg/cm² = 14,7 lbs/pol² = 960 mm Hg
AWG(BSWG)	American Wire Gauge (ou Brown & Sharp Wire)	Fios e cabos de material não-ferroso, como também para chapas de alumínio, latão, bronze e prata
Bé	Grau Baumé	Concentração de uma solução
BHP	Brake Horse Power	Potência medida por intermédio de freio ou dinamômetro
BSP	British Standard Pipe	Norma para roscas (usado na compra) para válvulas, conexões, manômetros
BT	Baixa tensão	Eletricidade até 600 V
BG(BWG)	Birmingham Gauge (Birmingham Wire Gauge obsoleto)	Chapas finas de ferro, aço, latão, bronze, cobre, alumínio, como também para fios de ferro e aço, tubos sem costura
BTU	British Thermal Unit (Unidade Térmica Inglesa)	= 252 cal = 0,252 Kcal
C-250	Cartão com 250 g/m²	Fichas internas
°C	Grau Celsius	Unidade de temperatura
cal	Caloria	Unidade de calor para aumentar a temp. de 1 g de água, de 1²C
cd	Candela	Intensidade luminosa
CSN	Padrão CSN	Cia. Siderúrgica Nacional

Abreviaturas	Por extenso	Especificações para
cv	Cavalo-vapor	Unidade de potência = 75m/kg/seg = 735 W
D	Densidade	Líquidos
Ø e (de)	Diâmetro externo	
DIN	Deutsche Industrie Norm	Materiais de engenharia e indústria (usado para compra de tubos, válvulas, brocas)
°F	Grau Fahrenheit	Unidade de temperatura = 9/5° C +32
F.B.	Farmacopéia brasileira	Produtos químicos oficiais
Fofo	Ferro fundido	
GMT	Greenwich Meridian Time	Hora do meridiano de Greenwich
H.B.	Brinell-hardness number	Dureza de material (de 101 a 780)
H.M.	Moh's hardness scale	Dureza de minerais (de 1 a 11)
H.RC	Rokwell C.hardness number	Dureza de material em Rockwell classe C (de 0 a 68)
H.S.	Shore hardness number	Dureza de material especialmente para borracha, ebonite, etc. (de 21 a 96)
H.V.	Vickers hardness number	Teste de material com alta dureza (de 101 a 1150)
H.P.	Horse Power	Cavalo de força = 1,014 CV=745 W
°K	Grau Kelvin	Temperatura absoluta = °C + 273
kWh	Quilowatt hora	Energia correspondente à ação de 1 kW durante 1 hora = 861 K calorias
Lm	Lúmen	Unidade de fluxo luminoso (sistema métrico)
Lx	Lux	Unidade de iluminação de uma superfície = 1 Lm sobre 1 m^2
NPT	National Pipe Threads	Rosca de norma inglesa usada para tubos e válvulas
(Ω)	Ohm	Ômio-unidade de resistência elétrica
of.	Oficial	Produtos de acordo com uma Farmacopéia (F.B. – USP – Codex)
p.a.	Pró-análise	Produtos com o mais alto grau de pureza (reativos)
p.eb.	Ponto de ebulição	A temperatura de início de fervura

Abreviaturas	Por extenso	Especificações para
p.f.	Ponto de fusão	A temperatura de início de derretimento
pH	Potencial de hidrogênio	Indicação da acidez ou alcalinidade de uma solução: 0-6 ácido, ±7 neutro, 8-14 alcalino
P&J	Pusey & Jones	Dureza específica para borracha e ebonite (de 0 a 400)
PVC	Polivinil clorado	Material plástico usado em tubulações, etc.
S-63	Papel sulfite para imprimir de 1 lado, de 63 g/m²	Impresso interno
S-75	Papel sulfite para imprimir de 2 lados, de 75 g/m²	Impresso interno
SAE	Society Automotive Engineers	Material de engenharia e indústria (usado para compra de aço carbono comum)
USP	U.S. Pharmacopéia	Produtos químicos oficiais
V	Volt	Unidade de tensão elétrica
VCA	Voltagem de corrente alternada	
VCC	Voltagem de corrente contínua	
W	Watt	Potência desenvolvida quando se realiza contínua e uniformemente o trabalho de um joule em cada segundo. Como unidade de potência elétrica $W = A \times V$
WW	Rosca Whitworth	Rosca inglesa

Gestão de estoque — Anexo III

GESTÃO DE ESTOQUES Duas perguntas em todos os casos	
1. **Quando** devemos encomendar?	• Em intervalos regulares (por exemplo, todo mês). • Ou somente quando o estoque atinge um mínimo devemos tomar providências especiais?
2. **Quanto** devemos encomendar?	• Quantidades fixas predeterminadas. • Quantidades variáveis.

A gestão de estoques pode ser abordada pelos métodos: base visual, base estatística e base planejamento.

Base visual (ou ótica, ou "de fita vermelha" ou "de duas gavetas")

Ambiguamente "minimax".

Há 50 anos esse tipo de pseudogestão foi generalizada em muitas firmas.

O **quando** é determinado conforme experiência: um lote mínimo, talvez para 1 a 3 meses de consumo, é colocado numa caixa ou gaveta de cor diferente ou marcado com fita vermelha. Quando restar somente a quantidade marcada, o departamento de compras é alertado.

O **quanto** é a quantidade máxima estabelecida: talvez para 3 a 12 meses de consumo.

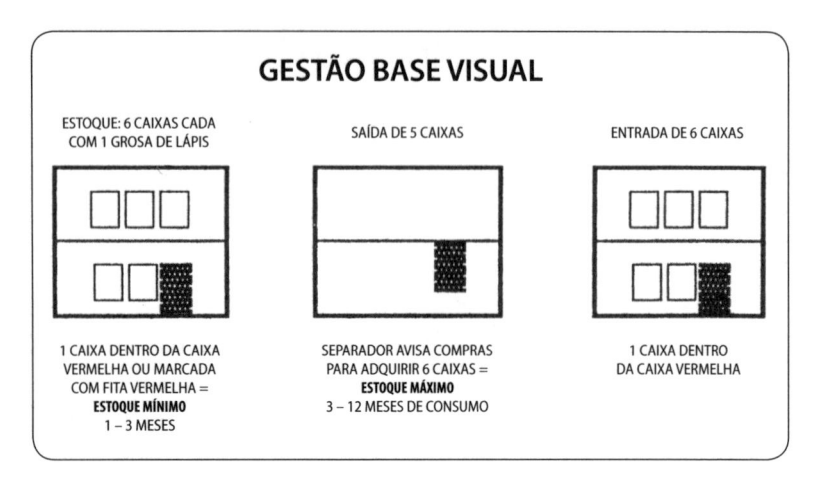

GESTÃO BASE VISUAL

ESTOQUE: 6 CAIXAS CADA COM 1 GROSA DE LÁPIS

SAÍDA DE 5 CAIXAS

ENTRADA DE 6 CAIXAS

1 CAIXA DENTRO DA CAIXA VERMELHA OU MARCADA COM FITA VERMELHA = **ESTOQUE MÍNIMO** 1 – 3 MESES

SEPARADOR AVISA COMPRAS PARA ADQUIRIR 6 CAIXAS = **ESTOQUE MÁXIMO** 3 – 12 MESES DE CONSUMO

1 CAIXA DENTRO DA CAIXA VERMELHA

A gestão base visual tem a vantagem da simplicidade e nela está ausente qualquer burocracia, todavia seria exageradamente dispendiosa para artigos de grande consumo e valor.

Mas, a meu ver, ela pode perfeitamente ser aplicada para artigos de valor diminuto, para os quais, às vezes, a papelada e a digitação no computador podem ser mais caros que o próprio material.

Base estatística

Quando?	Emitir requisição de compra quando estoque + pedido em curso atingem Alerta Compras	$AC = (Mn \cdot Tp) + EP > SM$
Quanto?	Requisitar a quantidade econômica eventualmente acrescida da quantidade faltante para o AC, para entrega no prazo Tp	$Qe = (Mn \times Per) + (AC - D)$
Precaução	Tomar providências especiais quando o estoque baixar até o Estoque de Proteção	$EP = Dp \cdot \sqrt{Tp} \cdot F > Sm$

AC = Alerta Compras
Mm= Média mensal de 12 meses
Tp = Tempo de procura
EP = Estoque de Proteção
DP = Desvio Padrão
PER= Periodicidade
Qe = Quantidade econômica a comprar
Pb = Preço base
Di = Despesas de imobilização
D = Disponibilidade
Sm = Saída máxima
F = Fator de proteção determinado

As fórmulas têm, muitas vezes, variantes, podendo levar em conta:
- Despesas de armazenagens especiais (refrigeração, estufas, esterilidade).
- Custo de uma eventual falta ou lucro cessante (se determinável).
- Restrições, como falta de recurso, falta de espaço, capacidade de produção, etc.
- Compras com vários descontos ou compras sazonais, etc.

Quero lembrar que na década de 1930 não existia computador nem calculadora eletrônica e a raiz quadrada era calculada com tabelas logarítmicas.

O custo de aquisição tem duas despesas suplementares.

Custo de compra e Custo de posse (Cp e Di)

CUSTOS SUPLEMENTARES DE AQUISIÇÃO

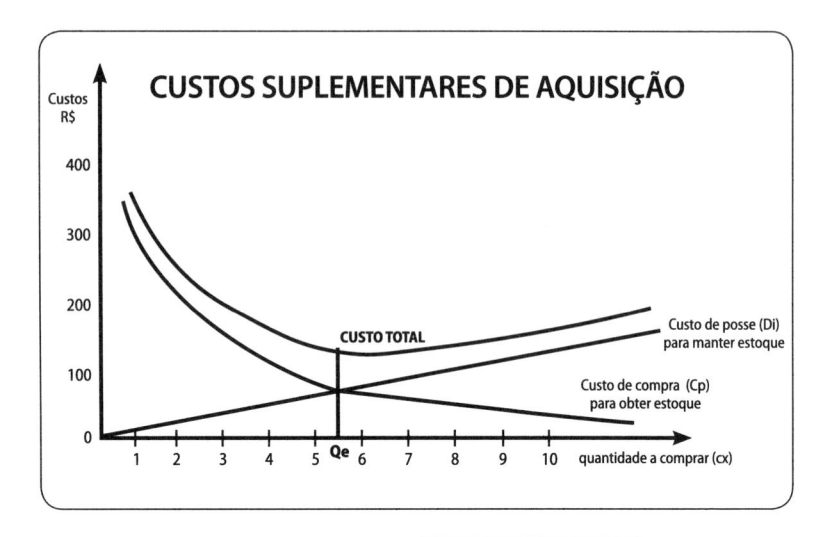

$$DP = \text{Desvio Padrão} = \sqrt{\frac{\sum_{I=1}^{N}(TMC_i - Mm_n)^2}{N}}$$

TMC = Total do consumo constatado em um mês

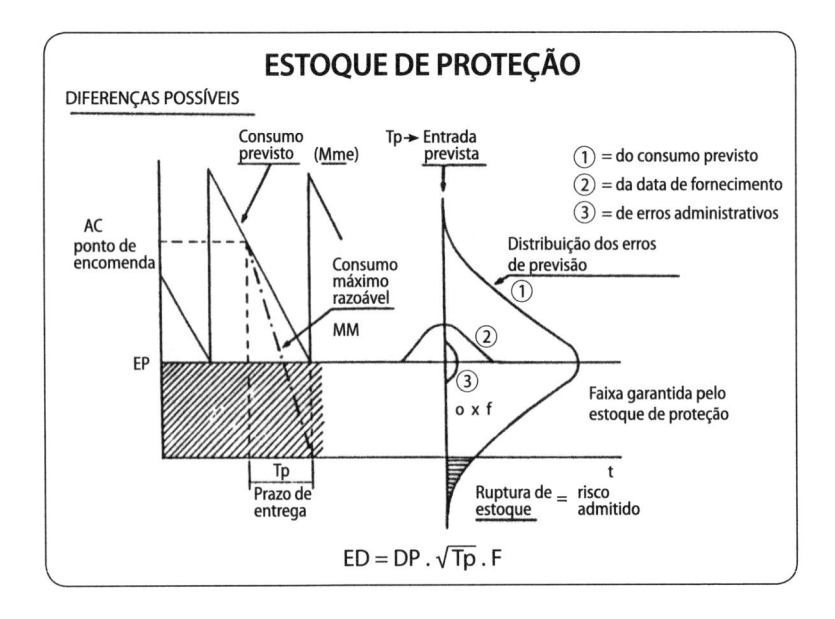

ESTOQUE DE PROTEÇÃO

① = do consumo previsto
② = da data de fornecimento
③ = de erros administrativos

Ruptura de estoque = risco admitido

$$ED = DP \cdot \sqrt{Tp} \cdot F$$

Os americanos chamam nosso Qe de "EOQ" (*Economic Order Quantity*) e a atribuem a Harris; na França, se chama "Fórmula de Wilson"; na Alemanha, de "Stefanic-Allmayer".

A formula original é : $Qe = \dfrac{\sqrt{24\,MmCp}}{Pb \cdot Di}$

mas eu a transformei em : $Qe = Mm \times Per$
porque com Per não precisa a raiz quadrada.

A explicação do raciocínio detalhado, que está com o autor, fica à disposição dos interessados.

Base planejamento

A diferença entre esta gestão e a estatística é que em vez de Mm, Tmp = Total no mês previsto.
Mmp – Média mensal prevista.

Em resumo, poderemos aplicar os diversos tipos de gestão, da seguinte maneira:

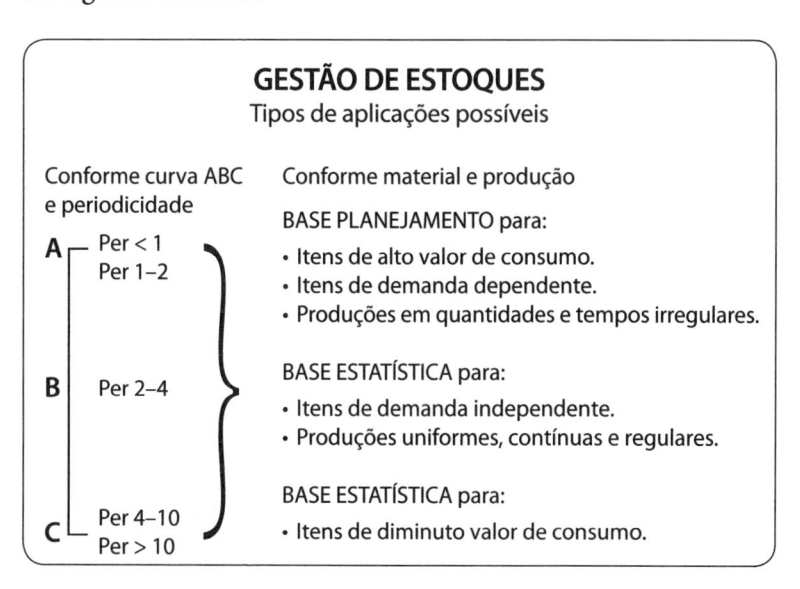

GESTÃO DE ESTOQUES
Tipos de aplicações possíveis

Conforme curva ABC e periodicidade

- **A** — Per < 1
  — Per 1–2
- **B** — Per 2–4
- **C** — Per 4–10
  — Per > 10

Conforme material e produção

BASE PLANEJAMENTO para:
- Itens de alto valor de consumo.
- Itens de demanda dependente.
- Produções em quantidades e tempos irregulares.

BASE ESTATÍSTICA para:
- Itens de demanda independente.
- Produções uniformes, contínuas e regulares.

BASE ESTATÍSTICA para:
- Itens de diminuto valor de consumo.

Evolução dos tipos de gestão

Método tradicional:

Just in case
- Manter estoques para o caso de serem necessários.
- Ter controladores de qualidade para assegurar qualidade aceitável.

Acontecimentos
- Crise de petróleo (custo: US$ 3 para US$ 50.)
- Aumento dos juros (1,5% na década de 1940, indo até 22%).
- Competição da melhor qualidade japonesa.

Estes fatos evoluíram para a gestão:

Just in time (JIT)
- Recebem-se os artigos na hora (tempo) em que precisamos deles.
- A qualidade é garantida (TQC) pela conscientização dos trabalhadores.

Integração: projetos, planejamento, suprimento, qualidade, EDP.

JIT (*Just in Time*)

Definição:
- Conceito para minimizar custos de material, pessoal, máquinas, etc.
- Produção para o cliente e não para o estoque.

Maior flexibilidade graças à disponibilidade de capacidades de produção e não de estoques.

Produção numa fase contínua, sem armazenagem, manipulação e transporte intermediários.
- Não enfatiza controles, mas simplificações do processo.
- Exige conscientização de todos com a qualidade.
- Precisa de menor número de fornecedores mais confiáveis.

Observação: às vezes questiona estruturas existentes.

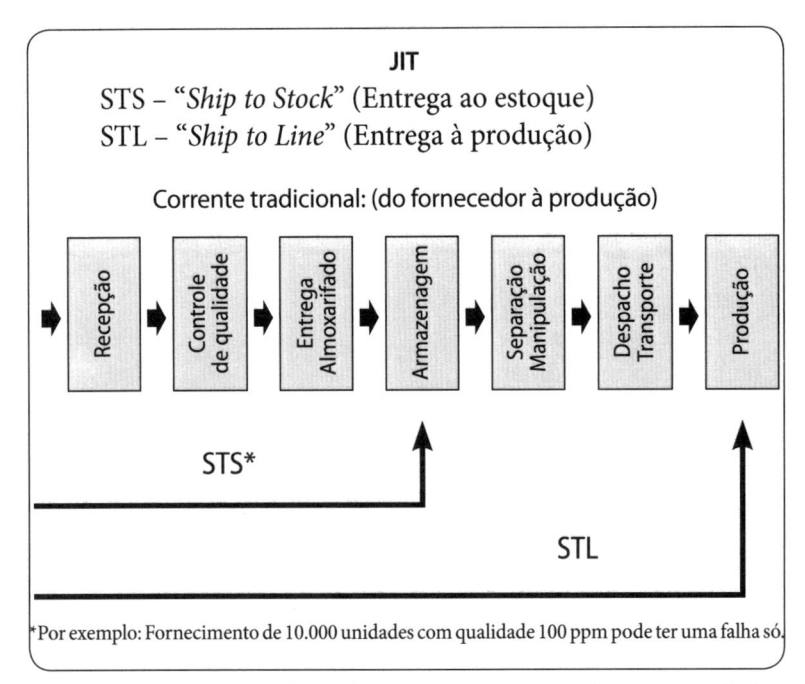

JIT
STS – "*Ship to Stock*" (Entrega ao estoque)
STL – "*Ship to Line*" (Entrega à produção)

Corrente tradicional: (do fornecedor à produção)

Recepção → Controle de qualidade → Entrega Almoxarifado → Armazenagem → Separação Manipulação → Despacho Transporte → Produção

STS* → Armazenagem

STL → Produção

*Por exemplo: Fornecimento de 10.000 unidades com qualidade 100 ppm pode ter uma falha só.

As exigências e benefícios para o comprador e o vendedor do JIT são explicadas no quadro:

JIT		
COMPRADOR		**VENDEDOR**
Redução do nº de fornecedores	Parceria →	Maior participação no mercado
Redução do custo de compras	Intercâmbio EDP* →	Redução custo/vendas
Redução do custo de recepção	Ship to stock →	TQC (Qualidade)
Redução do custo de armazenagem, manipulação e transporte interno	Ship to line →	Qualidade, pontualidade, rotulagem correta
Redução de estoque	JIT →	Logística adequada
Controle de eficiência	Planejamento/ Comunicação fornecedor →	Feedback

Electronic Data Program.

Finalmente, os resultados do JIT foram pesquisados pelo *Institute for International Research* e são os seguintes:

Resultados do JIT
Redução de estoques;
Produtividade melhor;
Diminuição do ciclo de produção;
Organização mais simples e eficiente;
Qualidade melhor;
Colaboração mais dinâmica.

JIT é um conceito e tem um similar no Japão: *Kanban* que será abordado a seguir.

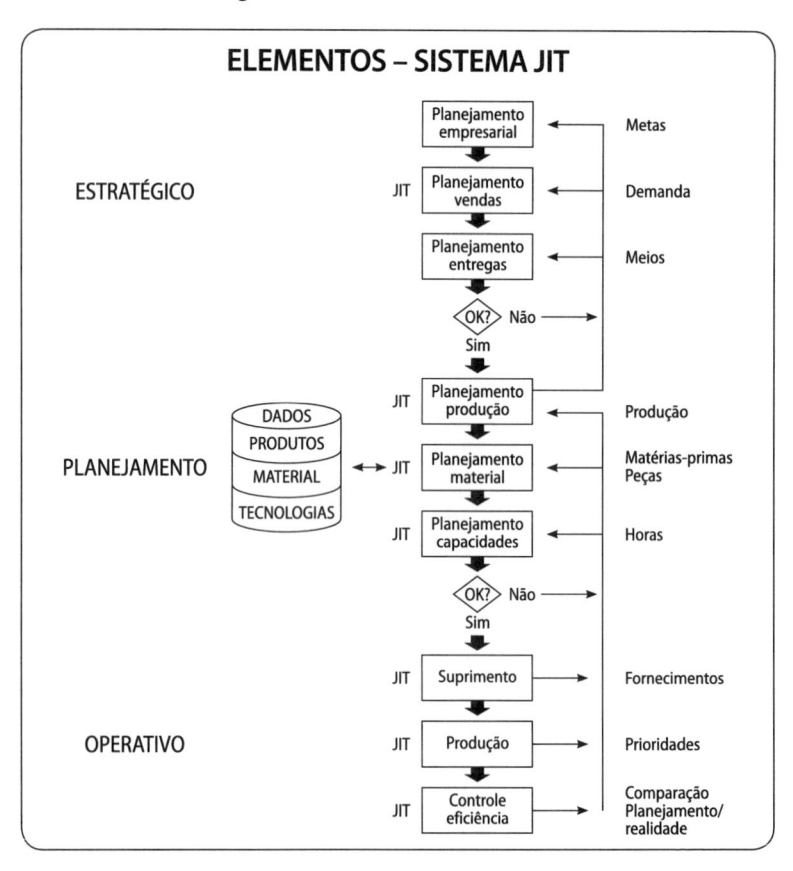

ELEMENTOS – SISTEMA JIT

Nível		Etapa		Entrada
ESTRATÉGICO		Planejamento empresarial	←	Metas
	JIT	Planejamento vendas	←	Demanda
		Planejamento entregas	←	Meios
		OK? Não / Sim		
PLANEJAMENTO	JIT	Planejamento produção	←	Produção
(DADOS, PRODUTOS, MATERIAL, TECNOLOGIAS)	↔ JIT	Planejamento material	←	Matérias-primas Peças
	JIT	Planejamento capacidades	←	Horas
		OK? Não / Sim		
OPERATIVO	JIT	Suprimento	→	Fornecimentos
	JIT	Produção	→	Prioridades
	JIT	Controle eficiência	→	Comparação Planejamento/realidade

COMO MELHORAR A EFICIÊNCIA DA GESTÃO DE ESTOQUE
• Colaboração mais íntima com produção e vendas. • Introduzir jit ou *Kanban*. • Diminuir custo operacional de compras e armazenagem.

Maior rapidez e eficácia na:

Padronização e codificação	Não exagerar no estoque de proteção (Ep)
Introdução da curva ABC e Per	Estoques em consignação
Revisão periódica das fórmulas	Estoque pronto com fornecedor
Inventário permanente	Uso de atacadistas perto da fábrica
Conseguir consumo mais regular	Recusa de fornecimentos em excesso
Armazenamento flexível	Ter contratos JIT com parceiros
Manipulação correta	Retirada de encalhados
Movimentação sem interrupção	Dispor dos fora de uso
	Venda de sucata

GESTÃO DE ESTOQUES – EFICÁCIA
Melhores índices observados em uma empresa X
• Índice de faltas 0,0004%
= Nível de serviço 99,9996%
• % na entrega após 1 hora do pedido 7%
• Índice de rotação 23
= COP coeficiente de permanência 16 dias .... 0,52 meses
• Custo operacional sobre valor saídas 0,6%
• Contribuição para lucro 21%

X = uma empresa entre 20 grandes firmas.

Kanban

Falemos do *kanban*:

Os japoneses levaram um choque quando constataram que, após a 2ª Guerra Mundial, sua produtividade foi muito menor que a norte-americana. Isso os estimulou a pensar e agir.

Mas, os japoneses desenvolveram a filosofia de que "o estoque cobre os pecados do planejamento, da produção e do suprimento".

Por isso, não se pede material *just in case* sem que o mesmo seja necessário no momento.

O fornecedor aceita e garante uma entrega *just in time*,

muitas vezes diretamente na linha de produção (por exemplo, para terça-feira, às 10h15).

O cliente tem plena confiança no seu supridor, não verifica a qualidade nem a quantidade.

Entre outros, o sr. Ohno, da Toyota, elaborou um novo sistema de produção, baseado no princípio do supermercado, chamado *kanban*: só se fabrica e se coloca no depósito, o que foi vendido.

O *kanban* se baseia na compreensão, colaboração e co-responsabilidade de todos os funcionários.

O *kanban* não é só método, é vontade de cooperar, harmonizar e contribuir.

O quadro original a seguir indica as metas, como a aplicação prática.

Certamente, vocês já entenderam tudo?!

Kanban

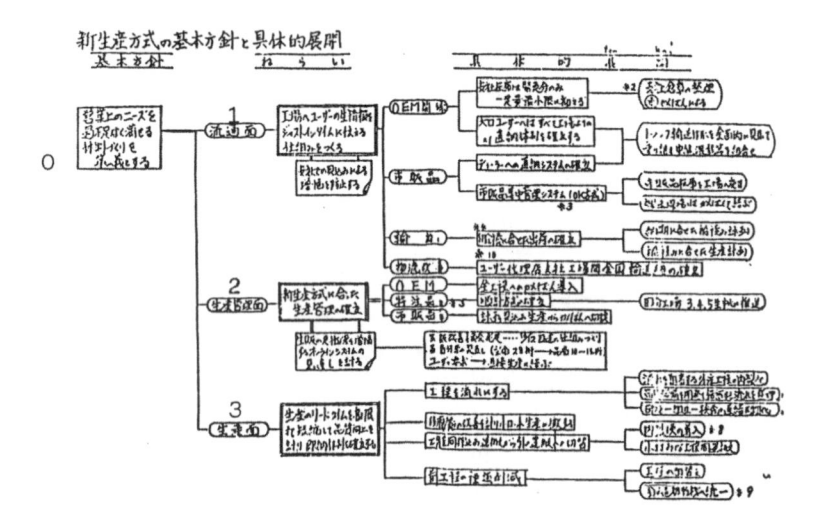

O *kanban* começa na distribuição, no controle de produção e na própria produção e consiste em diversas medidas como: redução do tempo de preparação de máquinas, colaboradores flexíveis, cumprimento absoluto de prazos, material sempre sobre tapetes rolantes, etc.

O resultado mais vantajoso do *kanban* é a redução sensível do estoque; digo redução e não estoque "zero", como geralmente se pensa. Seria um erro grave também, começar a redução de estoques antes de aplicar o sistema inteiro.

Princípios:
- Princípio supremo – Abastecimento, conforme a necessidade sem excesso ou faltas.
- Distribuição e produção – Informação do cliente à fábrica. Não produzir conforme previsões das filiais.
- Controle de produção.
- Produção – Encurtamento do tempo, aumento da qualidade.

Este sistema suprime toda a burocracia, mas precisa de um superplanejamento, muita organização e disciplina.

No Brasil, se enfatiza mais a improvisação que o planejamento, e muita gente confunde burocracia com organização e disciplina.

Mas, há outras diferenças entre o Japão e o Brasil.

	KANBAN Premissas	
	Japão	Brasil
1. Fornecedores	Número pequeno (<250) Princípio de parceria: o fornecedor é conselheiro em tecnologia e organização.	Número grande (>3.000) Princípio de concorrência: o fornecedor deve competir com seus concorrentes.
	Base de confiança: na recepção não se verificam quantidades nem qualidades diferentes no pedido.	Receio de erros: na recepção verificamos diferenças quantitativas e outras de 1% sobre o valor das entradas.
2. Transportes	Distância entre Tóquio e Nagoya – Osaka – Kobe 400 km 500 km 600 km	Distância entre São Paulo e B. Horizonte – P. Alegre – Recife 600 km 1.500 km 2.700 km
	Trens de carga freqüentes, rápidos e pontuais: prazo máximo: 1 noite	Trens de carga pouco freqüentes, lentos e imprevisíveis. Por exemplo: SP-PR entre 3 e 15 dias.

A gestão de estoques *Kanban* é ainda um sonho, mas um sonho nunca morrerá, como é tão bem expresso na música *A dream never dies*.

Conseqüentemente, penso que o *Kanban* é um sonho dificilmente realizável no Brasil, atualmente, mas a se realizar no futuro.

Permitam-me finalizar com meu provérbio predileto:

> **CONHECIMENTO NÃO BASTA,**
> **É PRECISO APLICÁ-LO.**
>
> **VONTADE NÃO BASTA,**
> **É PRECISO AGIR.**

COLABORARAM NESTE LIVRO

Supervisão editorial Maria Elisa Bifano
Produção gráfica e direção de arte Vivian Valli
Assistente de produção Regiane Wagner Jorge
Revisão Flávia Portellada e Maria Aparecida Amaral
Composição Julio Portellada
Capa Gabinete de Arte

FICHA TÉCNICA

Impressão PROL Editora Gráfica Ltda.
Papel Alta Alvura 75g/m² (miolo), Cartão Ópera 250g/m² (capa)
Tipologia Minion Pro 11,5/13,9

Para preservar as florestas e os recursos naturais, este livro foi impresso em papel 100% proveniente de reflorestamento e processado livre de cloro.